JN303767

ダボス会議に学ぶ

世界を動かす
トップの英語

鶴田知佳子・柴田真一 共著

コスモピア

はじめに

　本書では、2007年1月に行われた「世界経済フォーラム年次総会（通称ダボス会議）」におけるパネルディスカッションやラウンドテーブル、スピーチなどのホットな材料を用い、世界経済を牽引するビジネス界のトップリーダーや政治家、エコノミストたちが、どのような形で議論を展開し、自分の意見を述べているのかについて学んでいきます。
　各国のビジネスリーダーたちの発言には、英語による交渉ノウハウが凝縮されています。また、彼らの生の言葉に触れることで、彼らが世界経済の抱える様々な問題についてどのように考えているかについても垣間見ることができるはずです。

　グローバル化が進む中、国際的にビジネスを展開するには、英語で的確に自分の意見を述べる能力が不可欠です。
　たとえば、外国人ビジネスマンとの商談、外国系の法律事務所や会計事務所との交渉、あるいは外資系企業での採用面接や社内会議といった場面など、実際の国際ビジネスシーンでは多くの場合、英語によって相手とやりとりをすることになります。
　このような場面において、ツールとして英語をフルに活用する上で必要とされるスキルとは何でしょうか。それは、

・ヒアリング力：相手の発言の趣旨を正しく理解し、ポイントをしっかりと押さえることができる力

・スピーキング力：相手の立場に配慮しながらも、相手に正しく伝わるように、自分の意見をしっかり述べる力

の2つです。

　ヒアリング力を習得するには、やはり何と言っても、実際に話されている生の言葉に多く触れることです。
　スピーキング力の習得には、会話力に加え、interactive（対話式）でのディスカッションや討論のノウハウも身につける必要があります。

さらに、国際的なビジネスシーンで活動するには、これらのスキルに加えて、世界経済の動向に関するトピックスについても明るくなっておくことが望ましいでしょう。その点で、世界のトップリーダーたちがグローバルな問題について語り合う「ダボス会議」は、最高の教材と言えます。もちろん、ビジネスマンのみならず、一般の英語学習者にとっても時事英語教材として最適です。

　本書によって、読者はヒアリング力とスピーキング力のふたつの武器に磨きをかけ、国際ビジネスでさらに活躍できることでしょう。また、ビジネスの場に限らず、自分の意見を英語で的確に述べるという点でも、本書は有益なヒントを提供しています。

　なお、本書は前共著『リーダーの英語』(コスモピア刊)よりさらに一歩進んだ内容で構成されています。前共著では、英米著名政治家の名スピーチを題材に、聞き手の心を動かし、相手を説得するスピーチやプレゼンテーションを行うにはどうしたらいいのかについて解説しました。特にスピーチに関心のある方には本書とあわせておすすめします。きっとさらなるスキルアップが図れることでしょう。

　本書が、世界にはばたく(あるいは、まさにはばたこうとしている)読者の学習の一助となれば、筆者にとってこの上ない喜びです。

　なお、出版にあたっては、NHK解説主幹の今井義典さんに多大なるご尽力を賜りました。今井さんはダボス会議に1990年からほぼ毎年出席されており、日本人の公式出席数は緒方貞子さんと並んでいちばん多いそうです。今井さんのお力添えにより、世界経済フォーラム(WEF)事務局の全面的な協力を得て、本書を出版できる運びとなりました。ここに深い感謝の念を表します。

2007年4月
新緑のまぶしい時季に

鶴田　知佳子、柴田　真一

CONTENTS

はじめに　2
本書の基本的な考え方　10
ダボス会議について　13
CDの構成　18

序章　いま、世界が抱えている課題
トニー・ブレア（イギリス首相）

Section 1 ダボスのスピーチを依頼されるのは大変光栄なことです …………22
Section 2 世界は数々の困難に直面していますが、私は楽観視しています ……24
Section 3 たとえ最強の国でさえ、グローバルな価値に訴えなければ国益はない　26
Section 4 企業もグローバルな議論において重要な役割を担っている…………28
ブレア首相のスピーチのまとめ ……………………………………………30
ボキャビル　～国際関係・国際機関～ ……………………………………32

第1部　変わりゆく力の均衡

アクティブ・リスニングのすすめ　34

第1章　グローバル経済
ローラ・タイソン
（カリフォルニア大学バークレー校教授）

Section 1 ゴールディロックス経済 ………………………………………40
Section 2 世界はもはやアメリカだけが動かしているのではありません ………42
Section 3 エコノミストには見えないオオカミ？ ……………………………44
Section 4 グローバル化がもたらす弱み ………………………………46
トップの英語から学べるポイント ………………………………………48
ボキャビル　～グローバル経済～ ………………………………………50

第2章　課題を決めるのは誰か？
―政府・メディア・企業、民主主義の新たなるパワーバランス
ゴードン・ブラウン(イギリス財務相)
ロイド・ブランクファイン(ゴールドマン・サックス会長兼CEO)

- **Section 1** もはや国民の参加なしに政治決定は下せない …………………… 54
- **Section 2** 変革の本質は、人々が情報を手にしていることにある ……………… 56
- **Section 3** 政治家は正面から市民と向き合って説得しなければならない ……… 58
- **Section 4** 恵まれた立場にある会社には支払うべき代価がある ……………… 60
- **Section 5** 会社を誇りに思うということは、世の中にとってプラスになることを成し遂げるということ ……………………………………………… 62
- トップの英語から学べるポイント …………………………………………64
- ボキャビル　～民主主義・民主制～ ………………………………………66

第3章　貿易交渉の凍結、その進展の必要性
ピーター・マンデルソン(欧州委員会　通商担当委員)

- **Section 1** 冗談はさておき…… ……………………………………………… 70
- **Section 2** ドーハラウンドの歴史的価値 …………………………………… 72
- **Section 3** ドーハラウンドの成功と失敗がもたらす未来 …………………… 74
- トップの英語から学べるポイント …………………………………………76
- ボキャビル　～世界貿易～ …………………………………………………78

第4章　変わりゆく力の均衡
ネビル・イスデル(ザ・コカ・コーラ・カンパニー会長兼CEO)
ジェームズ・シロー(チューリッヒ・ファイナンシャル・サービシズCEO)

Photo by World Economic Forum

- **Section 1** グローバル経済がこれほど健全だったことはかつてなかった ……… 82
- **Section 2** われわれには「明るい話」をし続ける義務がある ………………… 84
- **Section 3** もっとも重要なのは課題を実行に移すこと ……………………… 86
- トップの英語から学べるポイント …………………………………………88
- ボキャビル　～マクロ経済～ ………………………………………………90

第5章　グローバル化へのビジネス・マニフェスト

イアン・デイビス
（マッキンゼー・アンド・カンパニー　マネージング・ディレクター）
ジェームズ・ダイモン
（JPモルガン・チェース銀行会長兼CEO）
ジョセフ・スティグリッツ
（コロンビア大学教授）

Photo by World Economic Forum

Section 1	われわれの大半はグローバル化の恩恵に預かってきた	94
Section 2	ビジネス界はもっと積極的にコミュニケーションをとるべき	96
Section 3	企業がもっと積極的に行動を起こしうる余地がある	98
Section 4	企業よりも人類のための配慮を優先している	100
Section 5	世界にとっての問題を気にするべき	102
Section 6	グローバル化における不公平さ	104
Section 7	グローバル化の光と影	106

トップの英語から学べるポイント　108
ボキャビル　〜損益計算書・貸借対照表〜　110

第2部　Web2.0の影響とソーシャル・ネットワーク・モデルの台頭

ビル・ゲイツ（マイクロソフト会長）
チャド・ハーレー（ユーチューブ創業者兼CEO）
カテリーナ・フェイク（フリッカー創業者）
マーク・パーカー（ナイキ社長兼CEO）
ヴィヴィアン・レディング（欧州委員会　情報社会・メディア担当委員）

Photo by World Economic Forum

クリティカル・シンキングのすすめ　112

CONTENTS

第1章
Web 2.0とは何か？

Section 1 Web 2.0に関する3つの疑問 …………………………………… 120
Section 2 Web 2.0の流れは市民の影響力を拡大させる ………………… 122
Section 3 「私の息子はまだ10億ドル稼いでいないんですよ」………… 124
トップの英語　チャド・ハーリーの場合 ……………………………………126
Section 4 わたしたちのコミュニケーションは Web のルーツに戻っている … 128
Section 5 インターネットの本質は人々を結びつけること …………………… 130
トップの英語　カテリーナ・フェイクの場合 ………………………………132
YouTubeとFlickr ………………………………………………………………133

第2章
ビル・ゲイツが語る、今後の方向性

Section 1 今後の方向性はさらなるデジタル化 ………………………… 136
Section 2 TVの概念が変わる …………………………………………… 138
Section 3 なぜ3Dか？ …………………………………………………… 140
トップの英語　ビル・ゲイツの場合 …………………………………………142

第3章
ボトムアップ型の構造改革

Section 1 消費者への根本的なパワーシフト …………………………… 146
Section 2 無意識のうちにコミュニティが生まれる …………………… 148
Section 3 政府はインターネットから手を引くのが原則 ……………… 150
Section 4 デジタル著作権の問題は未解決 ……………………………… 152
トップの英語　マーク・パーカーの場合 ……………………………………154

第4章
Web 2.0はバブルの再来なのか？

- Section 1　世界は変わり、誰もが発言できるようになった ……………… 156
- Section 2　世界を一変させたウィキペディア ……………………………… 158
- Section 3　IT産業への純投資は増加し、グローバル化している ………… 160
- Section 4　中国・インドは巨大な市場で新たな収益源 …………………… 162
- Section 5　「買収額は16億ドル？」「いえ、16億5千万ドルです」 ………… 164
- Section 6　誰もが経験を分かちあう ………………………………………… 166
- トップの英語　司会者の話題を変えるテクニック ………………………… 168

第5章
知恵の集まり＝「集合知」の力

- Section 1　いかにしてインタラクティヴな対話を創出するか …………… 170
- Section 2　「集合知」というキーワード ……………………………………… 172
- Section 3　Web 3.0は出現するのか？ ……………………………………… 174
- Section 4　効果が蓄積され、新たな変革が生まれる ……………………… 176
- Googleとダボス会議 …………………………………………………………… 178

質疑応答編
第6章
Q1. Web 2.0が社会にもたらした本質的な変化とは？

- 質疑応答の基本的なポイント ………………………………………………… 180
- Section 1　エンパワーメントのツール ……………………………………… 182
- Section 2　教育と医療に革命をもたらすブレークスルー ………………… 184
- Section 3　政治家としての関心と不安 ……………………………………… 186
- 質疑応答のワンポイント1　答えにくい質問への対処方法 ………………… 188

第7章
Q2. Web 上の著作権に関する問題の解決法は？

- **Section 1** 著作権に関するユーチューブのスタンス ………………… 190
- **Section 2** ビル・ゲイツとiTunes ……………………………………… 192
- **Section 3** フリッカーという名のビークル ………………………… 194
- **Section 4** コンテンツは無料とは限らない ………………………… 196
- **Section 5** デザインの権利は誰のもの？ …………………………… 198
- **Section 6** 収入を共有するRevver（レバー）という会社 …………… 200
- **Section 7** ユーチューブが収入を共有しなかった理由 ……………202
- 質疑応答のワンポイント2　聞き上手は質問上手 ……………………204

第8章
Q3. Web 2.0 現象はメディアによって引き起こされたのか？

- **Section 1** Web 2.0はたんなるグループ分けにすぎない？ ………………206
- **Section 2** メディアは真実を活字にするのではなく、みんなが話していることを活字にする ……………………………………………………208
- **Section 3** 力を獲得した消費者を逃がすな ………………………… 210
- 質疑応答のワンポイント3　質問の仕方のちょっとした工夫 ……………212

- 本書のまとめ ……………………………………………………………213

本書の基本的な考え方

ツル先生：教員、通訳者としての着想

　私は今日まで20年以上、通訳者として仕事をしてきましたが、それとほぼ並行して英語教育にも携わり、現在では東京外国語大学国際コミュニケーション・通訳特化コースの責任者として後進の指導にもあたっています。
　これらの経験から私が考えてきたことを以下に述べます。

　通訳の仕事とは、ある言語で伝えられるメッセージを完璧に聞き取って理解し、それを別の言語で再表現することです。この「再表現する」というところが、通訳の仕事の核心です。
　その作業の際に障害となるのが、英語なら英語の視点、日本語なら日本語の視点と言った具合に、それぞれの言語で「視点」が異なる、つまりモノの見方が違うということです。
　たとえば、私は英語を話すときには、英語を通じて世界を見ている自分に気付きます。英語のネイティヴスピーカーは当然、英語で世界を見ているわけですから、こちらも英語の「視点」を持たないと同じ土俵に立って会話ができないのです。
　したがって、私は仕事をする上で、英語と日本語でどのようにモノの見方が違っているか、表現のしかたが異なっているのかということについて大変敏感になっています。

　この「視点」の違いは、大学教員として生徒を指導する際にも特に強調しています。国際派ビジネスパーソンを目指そうという学生には、常に「どのような視点からそのスピーカーは発言をしているのか」「どのような視点からその記事は書かれているのか」ということを意識するように言っています。

　本書では、国際的経済会議の現場でのやりとりを素材として、いかに効果的に自分の意見を述べるのか、自分の考え方を伝えていくのかについて勉強

していきます。その第一歩として、まず、スピーカーがどのような視点から物事を見ているのか理解することに努める必要があります。

　違った「視点」からモノを見ると世界がまったく違って見えることがあるということは読者にもおわかりいただけるでしょう。
　英語に限らず、外国語を学ぶと知らず知らずのうちに、違う「視点」から物事をとらえることができるようになります。詩人のアーサー・ビナードさんは、このことを「複眼で世界を見る」と表現しておられます。
　私はこれこそが外国語を学ぶ上での大きな喜びのひとつと考えています。本書を通じてぜひこの喜びを感じてみてください。

柴ちゃん：国際ビジネスマンとしての着想

　国際派ビジネスパーソンを目指す方にとって、ダボス会議から学ぶものは、国際ビジネス感覚と国際社会で通用する英語に集約されると言っていいと思います。
　これらのポイントについて、もう少し詳しく考えてみましょう。
　メディアの発達により、海外の新聞や雑誌などがインターネット上で見ることが可能となりました。世界の動向を把握することが容易になったことは、海外と何らかの関わりのあるビジネスパーソンにとっては朗報です。
　海外に通用するビジネス感覚を身に付けるには、相手の国の経済・歴史・文化・社会について勉強し、ツル先生がおっしゃるように、世界の出来事について様々な視点からとらえていくことが大切です。
　たとえば、柴ちゃんが身を置く金融の世界では、大局的なおカネの流れをとらえることが大切です。それによって市場の動きが決まってくるからです。これらを分析するには、市場関係者の行動の背後にある着想、発想を理解することが必要なのです。

本書の基本的な考え方

　ダボス会議は、グローバルに展開する企業のトップやコンサルタント、大学教授、政治家といった世界を動かすリーダーたちが一堂に会して議論を行う場です。彼らが世界を取り巻く諸問題をどのようにとらえ、どのように対処しようとしているのかといったことについて、ナマの声を聞くことができるのです。

　次に、国際社会に通用する英語について考えてみたいと思います。
　海外で仕事をしてみてつくづく感じるのは、ビジネスパートナーとの信頼関係を築くためのコミュニケーション力の大切さです。ここでいうコミュニケーション力とは、前書きの部分で説明した、相手の発言のポイントを押さえ、相手に正しく伝わるように自分の意見をしっかり述べることです。
　そこで求められるのは、挨拶や趣味といった次元を超えた、内容の伴った質の高い英語です。そこに到達するには、日夜努力を積み重ねていただくしかありませんが、大切なのは、「学習の素材」だと私は思っています。時事英語のナマの教材として、ダボス会議は「逸品」といえるでしょう。
　いまや、英語は世界の共通語です。ダボス会議のやりとりから、今後の世界を見極める「選球眼」を養い、発言の裏にある物事の考え方やとらえ方を理解し、質の高い英語にしっかり慣れてください。本書でじっくり学ぶことにより、皆さんの国際感覚と英語がステップ・アップすることは、間違いありません。

ダボス会議について

　ダボス会議とは、世界経済フォーラム（World Economic Forum：略称WEF）が毎年1月下旬にスイスの高級リゾート地ダボスで行う年次総会のこと。1971年、世界経済フォーラムの前身にあたる「ヨーロッパ経営者フォーラム」として第1回が開催され、今回で37回目を迎える国際会議。

雪景色のダボス会議場
Photo by World Economic Forum

　世界経済フォーラムはスイスの経営学者クラウス・シュワブが設立した非営利の組織で、「世界をより良くする」ことをモットーに活動を行っており、ダボス会議はその中核に位置づけられている。

　会議には世界各国の政財界のリーダー、金融政策の決定者、エコノミスト、学者、ジャーナリストなどが参加し、経済を中心に、グローバルな問題、地域問題、科学・テクノロジー、医療、芸術、文化など幅広い分野にわたって討議を行う。今回の会議では90カ国から約2,400人を超える企業トップや世界を動かすリーダーらが集まり、150近い総会・セッションに分かれて議論を展開。世界の現状と未来について意見交換を行った。

クラウス・シュワブ

Klaus Schwab（1938-　ドイツ）
世界経済フォーラム（WEF）創設者兼会長：Founder and Executive Chairman, World Economic Forum

スイスの経営学者。1971年、世界経済の改善のために非営利組織として世界経済フォーラム（当時はヨーロッパ経営者フォーラム）を設立。以来、世界経済フォーラムを主宰している。今日では組織の目的を経済、政治、知的活動のグローバル化の促進であるとしている。また、98年にはヒルダ夫人とともに「シュワブ財団」を設立し、社会企業のサポートを行っている。
スイス連邦工科大、フライブルク大、ハーバード大で学び、機械工学、経済学の博士号を持つ。1972-2003年にかけ、ジュネーブ大学で教鞭を取った。1979年から現在まで毎年、「国際競争力報告書」を発表している。
ゆっくりとした口調ながら、品格のある英語を話す。

Photo by World Economic Forum

■ ダボス会議の形式、および今回の特徴

　会議は各テーマごとにセッション単位で行われる。基本的にパネルディスカッション形式が中心で、Moderatorと呼ばれる司会者がセッションのテーマに基づいて各パネリストに意見を聞いていくスタイルを取っているが、中にはラウンドテーブル（円卓会議）やオープンフォーラムで行われるものもある。

　今年の開会基調演説はハイリゲンダム・サミットの議長国でもあるドイツのアンゲラ・メルケル首相が務め、地球温暖化、世界貿易の自由化促進、貧困やエイズといった課題に対して、グローバルな枠組みの中で協力して取り組んでいくことを提言した。

　会議のテーマは多岐にわたっているが、今回は「地球温暖化」に関するセッションが特に数多く行われ、その関心の高さを証明した。異常気象による自然災害がわれわれにもたらす被害の影響もさることながら、2012年に控える京都議定書失効後の欧米諸国による主導権争い、中間選挙の結果を受けたブッシュ大統領の政策変更、ひいては環境問題が着実にビジネスと結びつきつつあることなどが背景にはあるようだ。

　また、好調な経済情勢を受けて、中国とインドに関するセッションも多く催され、地球規模でパワーバランスの変化が進行していることをあらためて痛感させられた。

開会のセッションで発言するドイツのアンゲラ・メルケル首相。
Photo by World Economic Forum

■ ダボス会議の中の日本

　ダボス会議には日本からも政財界を代表する多くのリーダーが出席している。今年も、竹中平蔵前総務大臣、小池百合子内閣総理大臣補佐官や北城恪太郎経済同友会代表幹事らがパネリストとして参加。過去にはソニー最高顧問の出井伸之氏、野村ホールディングス会長の氏家純一氏らが登場している。

　このような錚々たる顔ぶれの中でも、元国連難民高等弁務官であり現国際協力機構（JICA）理事長で今回の会議にも出席した緒方貞子氏の存在感は圧倒的。中国やインドのパワーに押され、近年、存在感の低下が叫ばれている日本にあって、真の国際人ぶりを示している。

アフリカに関するセッションで同席した緒方貞子氏とU2のボノ。
Photo by World Economic Forum

■ ダボス会議のもうひとつの顔

　ダボス会議は世界各国からVIPが集まる社交の場でもある。昼食会やレセプションパーティーが行われ、旧交を温めたり、話し合いが持たれたりすることもある。

　また、セレブリティが参加することも話題のひとつ。今年はスーパーモデルのクラウディア・シファーが登場。2006年には、国連難民高等弁務官事務所の親善大使を務めるアンジェリーナ・ジョリーが妊娠中に夫のブラッド・ピットとともに参加。2005年には、アフリカの貧困撲滅に関する会議を傍聴していたシャロン・ストーンが席から立ち上がって聴衆に寄付を呼びかけ、わずか10分足らずの間に100万ドルを集めたことが話題になった。

ダボス会議に参加したアンジェリーナ・ジョリーとブラッド・ピット。左端はアナン前国連事務総長。
Photo by World Economic Forum

■ 今回のメインテーマは「変わりゆく力の均衡」

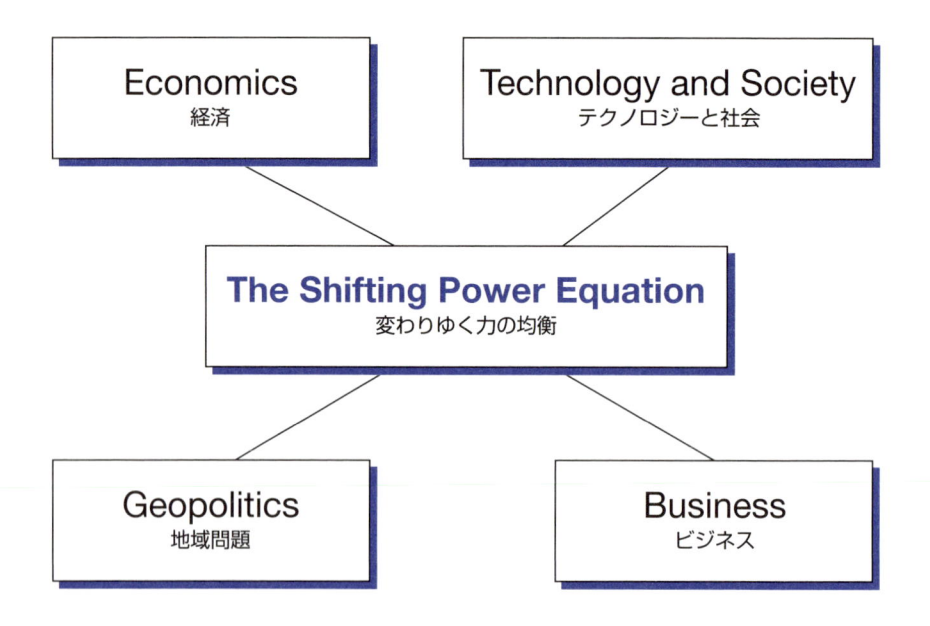

```
┌─────────────────┐      ┌─────────────────────────┐
│   Economics     │      │  Technology and Society │
│     経済        │      │    テクノロジーと社会    │
└─────────────────┘      └─────────────────────────┘
            \                  /
             ┌──────────────────────────┐
             │ The Shifting Power Equation │
             │     変わりゆく力の均衡     │
             └──────────────────────────┘
            /                  \
┌─────────────────┐      ┌─────────────────┐
│   Geopolitics   │      │    Business     │
│    地域問題     │      │    ビジネス     │
└─────────────────┘      └─────────────────┘
```

　今回のダボス会議のメインテーマは The Shifting Power Equation（変わりゆく力の均衡）。このテーマを中心にして、上図のように4つの大きなセクション（「経済」「テクノロジーと社会」「地域問題」「ビジネス」）に分かれ、会議全体は構成されている。

　グローバル化が進み、インドや中国といった国の勢いが増したことによって、これまでの欧米中心の先進国から新たな国や地域へと力の移行が進んでいる。

　また、経済の面だけでなく、さらに進化を続けるインターネットにより、これまでとは異なるネットワークが形成され、Web2.0のような新しいコミュニケーションによる新たなコミュニティが生まれ、個人の力が集まり、社会や組織と個人との力関係にも変化が生じている。

　本書では、こうした世界情勢を背景にして行われた今回のダボス会議から、序章でブレア首相のグローバルな課題に関するスピーチを、第1部では主に経済・ビジネス関連のセッションを、第2部ではWeb2.0に関するパネルディスカッションを取り上げる。

■ 関連URL

世界経済フォーラム（WEF）
http://www.weforum.org/en/index.htm
ダボス会議（本年度年次総会HP）
http://www.weforum.org/en/events/AnnualMeeting2007/index.htm

　また、本書で取り上げたディスカッションの模様は下記のウェブページからウェブキャスト、ポッドキャスト、ビデオポッドキャストでご覧になることができます（一部抜粋のみ。リンクが期限切れする場合もあります）。

序章
いま、世界が抱えている問題（Global Challenges）

http://gaia.world-television.com/wef/worldeconomicforum_annualmeeting2007/default.aspx?sn=19283

第1部
第1章　グローバル経済（The Global Economy）

http://gaia.world-television.com/wef/worldeconomicforum_annualmeeting2007/default.aspx?sn=18892

第2章　課題を決めるのは誰か？（Who Will Shape the Agenda?）

http://gaia.world-television.com/wef/worldeconomicforum_annualmeeting2007/default.aspx?sn=19572

第3章　貿易交渉の凍結、その進展の必要性
　　　　（Frozen Trade Talks and the Need for Progress）

http://gaia.world-television.com/wef/worldeconomicforum_annualmeeting2007/default.aspx?sn=18552

第4章　変わりゆく力の均衡（The Shifting Power Equation）

http://gaia.world-television.com/wef/worldeconomicforum_annualmeeting2007/default.aspx?sn=18957

第5章　グローバル化へのビジネス・マニフェスト
　　　　（A Business Manifesto for Globalization）

http://gaia.world-television.com/wef/worldeconomicforum_annualmeeting2007/default.aspx?sn=18924

第2部
Web2.0の影響とソーシャル・ネットワーク・モデルの台頭
　（The Impact of Web2.0 and Emerging Social Network Models）

http://gaia.world-television.com/wef/worldeconomicforum_annualmeeting2007/default.aspx?sn=19781

　＊なお、本書に登場する各パネリストの肩書きは2007年1月のダボス会議開催当時のものです。

CDの構成

Track 1　タイトル

Introduction

Track 2　Section 1
Track 3　Section 2
Track 4　Section 3
Track 5　Section 4

PART 1
Chapter I

Track 6　Section 1
Track 7　Section 2
Track 8　Section 3
Track 9　Section 4

Chapter II

Track 10　Section 1
Track 11　Section 2
Track 12　Section 3
Track 13　Section 4
Track 14　Section 5

Chapter III

Track 15　Section 1
Track 16　Section 2
Track 17　Section 3

Chapter IV

Track 18　Section 1
Track 19　Section 2
Track 20　Section 3

Chapter V

Track 21　Section 1
Track 22　Section 2
Track 23　Section 3
Track 24　Section 4
Track 25　Section 5
Track 26　Section 6
Track 27　Section 7

PART 2
Chapter I

Track 28　Section 1
Track 29　Section 2
Track 30　Section 3
Track 31　Section 4
Track 32　Section 5

Chapter II

Track 33　Section 1
Track 34　Section 2
Track 35　Section 3

Chapter III

Track 36　Section 1
Track 37　Section 2
Track 38　Section 3
Track 39　Section 4

Chapter IV

Track 40　Section 1
Track 41　Section 2
Track 42　Section 3
Track 43　Section 4
Track 44　Section 5
Track 45　Section 6

Chapter V

Track 46　Section 1
Track 47　Section 2
Track 48　Section 3
Track 49　Section 4

Q&A
Chapter VI

Track 50　Section 1
Track 51　Section 2
Track 52　Section 3

Chapter VII

Track 53　Section 1
Track 54　Section 2
Track 55　Section 3
Track 56　Section 4
Track 57　Section 5
Track 58　Section 6
Track 59　Section 7

Chapter VIII

Track 60　Section 1
Track 61　Section 2
Track 62　Section 3

序章

いま、世界が抱えている課題

Global Challenges

Photo by World Economic Forum

トニー・ブレア（イギリス首相）

Introduction　CD_02

いま、世界が抱えている課題

Global Challenges

Tony Blair — Prime Minister of the United Kingdom
トニー・ブレア（イギリス首相）

　まず最初は、イギリスのブレア首相のスピーチから始めましょう。現在、わたしたちが抱えているグローバルな課題とは何か、そしてその課題にどう取り組むべきなのか。「ダボス会議」の基本精神をよく表したスピーチです。

■ スピーチの背景

　ブレア首相による、ダボス会議の締めくくりともいえる closing session のスピーチ。ドイツのメルケル首相が開幕基調演説（opening address）の骨子とした「新興諸国の台頭」「温暖化」「世界貿易」に沿った上で、「世界貿易」「気候変動」「アフリカ」を3大テーマとする演説を行った。

　同首相は、3つの問題を解決するには、政策を実行に移すための枠組み作りが必要とし、国連安全保障理事会への日独および新興諸国の加盟、国際復興開発銀行（IBRD: International Bank for Reconstruction and Development、通称世界銀行 World Bank）と国際通貨基金（IMF: International Monetary Fund）との合併などを提案した。

　本書で取り上げるのは、1時間近くにわたる演説の冒頭部分からの抜粋で、具体策について論じた部分は割愛したもの。

Introduction　いま、世界が抱えている課題
トニー・ブレア

■ スピーカーのプロフィール

トニー・ブレア Tony Blair（1953-）
イギリス首相（1999-）：
Prime Minister of the United Kingdom

　エジンバラ生まれ。オックスフォード大学法学部卒業。法廷弁護士を経て、83年、30歳で下院議員に初当選。94年、労働党党首に。New Labour（新労働党）と名づけ、市場経済を肯定し、競争を導入した現代社会民主主義を標榜、97年の総選挙で地滑り的勝利を収めた。2001年、2005年に再選。イラク戦争への参戦などが尾を引き、2006年秋、身内の労働党内から出た退任要求に対し、2009年に予定されている総選挙を待たずして、1年以内に退任する意向を表明。

　法廷弁護士で足腰を鍛えただけあって、スピーチ能力は抜群。記者会見でも絶対に失言しない、と言われている。曇りのない、論旨の明確なスピーチを展開するとの定評あり。

Photo by World Economic Forum

Photo by World Economic Forum

クラウス・シュワブ会長と固い握手を交わすブレア首相。
首相としては、今回が最後のダボス会議となる。

Section 1　CD_02
ダボスのスピーチを依頼されるのは大変光栄なことです

Klaus Schwab:
Good afternoon. We are coming to our concluding session, and I have a great pleasure to welcome the prime minister, Prime Minister Tony Blair back in Davos. I don't have to introduce you, Prime Minister. So I would just say you take the floor [1], because we are full of expectations for your speech (Applause).

Tony Blair:
Thank you very much indeed [2]. Uh, Klaus, and, uh, **it's a very great honor to be asked to speak** to the Davos Forum at this closing session. Now, as you know, this would be my, uh, last Davos Forum as Prime Minister, so I look forward to [3] coming back in future years and telling other leaders where they went wrong and how easy the job is (Laughter).

---

1) **take the floor:**
「話を始める」。床を取る、つかむ、という面白い表現。

2) **Thank you very much indeed:**
イギリス英語では、このindeedをよく使う。感覚的には、
Thanks.（米）= Thank you.（英）
Thank you.（米）=Thank you very much.（英）
Thank you very much（米）=Thank you very much indeed.（英）

3) **I look forward to ... :**
また呼んでほしいことを、さりげなくアピールしている。

Photo by World Economic Forum

Introduction いま、世界が抱えている課題
トニー・ブレア

> **POINT**
>
> ## it's a very great honor to be asked to speak ... （〜のスピーチを依頼されるのは大変光栄であります）
>
> ホストであるシュワブさんの I have a great pleasure to welcome... という紹介に対するブレア首相の受け方。どちらも典型的な表現ですが、スピーチの場合、まずここから始まります。主催者に謝意を述べるなら、First I would like to extend our appreciation to ... という表現も覚えておきましょう。
> また、会議や会合などで「締め」の発言を求められたら、I am very honored to present the closing remarks at this conference on ... という表現が使えます。

- シュワブさんのイントロ、ゆったりとしていて味がありますね。発音もフランス語、ドイツ語の両方の影響が混じっていますけど、堂々としていて、余裕すら感じられます。
- ネイティブとできるだけ同じ発音とスピードで、なんて考えるよりも、自分の言いたいことをしっかり相手に伝えることの方が大切だという好事例でしょう。
- それから、ブレアさん、... so I look forward to coming back in future years, telling other leaders where they went wrong and how easy the job is. と、いきなりイギリス人らしいシニカルなジョークで笑いを取っていますね。
- いかに首相の仕事が簡単か、というジョークですね。堅いテーマですから、聴衆の気持ちをほぐしておこうという作戦。さすが、心憎い演出です。

【訳】
クラウス・シュワブ：
　こんにちは。最後のセッションとなりました。ここで、ダボスにふたたびトニー・ブレア首相をお迎えしたいと思います。ブレアさん、ご紹介は不要ですね。われわれはスピーチに胸を膨らませていますので、どうぞお話しください（拍手）。

トニー・ブレア：
　ありがとうございます。ダボスの最終セッションのスピーチを依頼されるのは大変光栄なことです。ご存じの通り、首相としては最後のダボスとなります。ですから、将来また戻ってくるのを楽しみにしています。そうしたら、他のリーダーの方々に、どこがいけなかったのか、リーダーの仕事というものがいかに簡単かをお話ししましょう（笑）。

Section 2 　CD_03
世界は数々の困難に直面していますが、私は楽観視しています

Tony Blair:

You know despite the, um … actually I want to start on this note [1]. Despite the multiple [2] challenges we face in the world today, I am optimistic [3]. **Mind you,** [4] in my job, you've got to be. Um, but I think there's been a tremendous spirit [5] about the forum, um, I've sensed that in the time I've been here.

I think it's wonderful, for example, there was such a constructive meeting on the Middle East, um, and such a good atmosphere around the talks on trade and it's wonderful news that they're going to restart the, uh, WTO talks in the comprehensive manner [6]. That's a great thing and congratulations to everyone who's participated in that (Applause).

You know, each of the, uh, issues that has dominated [7] Davos, in particular world trade and climate change and Africa, each of those issues [8] hangs in the balance [9]. But on each there is a, a progress that would have been unimaginable even a short time back. And what I'd I like to do in my address [10] to you today is to state where I think we are on each issue, then give a broader context [11] for the optimism I've, um, just outlined and then end with an analysis of what we have to do.

1) **note:**
「基調、調子」。

2) **multiple:**
「様々な」。multi-は複数を表す接頭語（例: multimedia「マルチメディア」、multicurrency「多通貨」）。

3) **optimistic:**
「楽観的な」（⇔ pessimistic「悲観的な」）。

4) **Mind you:**
「（イギリス英語）そうでしょ？」。相手に同意を求めるときに文頭に使う。

5) **tremendous spirit:**
「素晴らしい精神」。

6) **in the comprehensive manner:**
「包括的に」。

7) **dominate:**
「支配する」。

8) **issue:**
「問題点」。problem という響きはネガティブなので、よく issue が使われる。

9) **hang in the balance:**
「宙に浮いている、方向感が定まっていない」。

10) **address:**
「述べる、話をする」。「住所」という意味だけではない。

11) **context:**
「背景、流れ」。

Introduction いま、世界が抱えている課題

トニー・ブレア

> **POINT**
>
> **Mind you,** （おわかりでしょうが……）
>
> 　イギリス英語ではこのように文頭に置いて、相手に同意を求めるときに使います。他にも mind を用いた、いかにもイギリス英語という言い方に、Mind the gap. というのがあります。地下鉄などでよく使われる表現で、「お足元にご注意下さい」という意味。アメリカ英語の Watch your step. にあたります。

🧑‍🦰 全体では1時間近い演説ですから、まずは、スピーチの骨子について述べています。

🧑 笑いを取ってから本題に入る前に、聴衆に心の準備をしてもらうという手順でしょう。

🧑‍🦰 Mind you, ... という部分は、なかなか効果的ですね。

🧑 そうですね。この直前に、optimistic とキッパリ言い切っています。聴衆の中には、おいおい、そこまで曇りなく言い切っていいのかよ、と思う人もいるかもしれない。でも、後に続くこの文章で、政治家だから仕方ないか、と相手に思わせてしまう効果がありそうですね。

【訳】
トニー・ブレア：
　まずはこの基調から始めたいと思います。今日、世界は数々の困難に直面していますが、私は楽観視しています。ご理解いただけると思いますが、私の仕事はそうでなければならないのです。このフォーラムには素晴らしい精神があると思います。私はここに来ているうちにその精神を感じ取るようになりました。

　例えば、中東に関してこれほど建設的なミーティングが行われ、貿易にかかわる協議もいいムードの中で行われたことは素晴らしいことだと思います。そして、WTO（世界貿易機関）の包括的な協議再開のニュースは素晴らしいことです。これはとても偉大なことです。参加者の皆さん、おめでとうございます（拍手）。

　ダボス会議の主要な論点となった課題、特に、世界貿易、気候変動、アフリカについては、未解決のままです。しかし、それぞれの課題について、ほんの少し前でさえ思いもよらなかった進展がみられました。本日の演説では、それぞれの課題について簡潔に私見を述べた上で、いま申し上げた私の楽観的な見方について範囲を広げてお話しし、最後に、われわれが何をなすべきかを分析してみたいと思います。

Section 3 CD_04
たとえ最強の国でさえ、グローバルな価値に訴えなければ国益はない

Tony Blair:

So across all of these issues, there are signs of hope. But this is part of a bigger shift in the politics of the global community. **And it is in this shift that the real possibilities of progress lie.**

What is really happening is that nations – even the most great – are realizing that they cannot pursue their narrow national interests without invoking[1] broader global values. They are obliged to[2] recognize that interdependence[3] is the defining[4] characteristic of the early 21st century.

1) **invoke:**
「(原則に)訴える、懇願する」。

2) **be obliged to ... :**
「(無理に)〜させられる、〜せざるを得ない」。

3) **interdependence:**
「相互依存」(inter-「相互に」+ dependence「依存」)。

4) **define:**
「定義する」(definition 定義)。

Photo by World Economic Forum

Introduction　いま、世界が抱えている課題

トニー・ブレア

> **POINT**
> ### And it is in this shift that the real posibilities of progress lie.
> （この転換にこそ、進展する真の可能性が秘められているのです）
>
> The real possibilities of progress lie in this shift. を強めた、いわゆる強調構文（It is A that B.「BなのはAである」）。その直前の文章で、this is part of a bigger shift と言ったのを受けて、「この転換にこそ」と言っています。会議のテーマである The Shifting Power Equation を連想させる、うまい表現ですね。

- 「たとえ最強の国でさえ」と名指しを避けながら、単独行動にくぎを刺していますね。
- American poodle（アメリカのプードル犬）と揶揄されたブレアさんですから、ここできっちり言うべきことは言っておこうということでしょう。
- このスピーチでは interdependence という言葉を繰り返し使っていますね。
- お互い協力することの必要性を説くキーワードのひとつと言えるでしょう。スピーチ全体を通してみると global value という言葉も、national interest と対比して随所に使っています。

【訳】
トニー・ブレア：
　このように、これらの問題すべてについて、明るい兆しが見えます。しかし、これはグローバルな共同体としての政策における、より大きな転換の一部なのです。この転換にこそ、進展する真の可能性が秘められているのです。

　現に起こっているのは、たとえ最強の国でさえも、より広範囲でグローバルな価値に訴えなければ、狭い国益を追求することはできないことを国民が認識しつつあるということです。21世紀初頭の特性を定義付けるものは、相互依存関係であることを認識せざるを得ないのです。

Section 4 — CD_05
企業もグローバルな議論において重要な役割を担っている

These topics which have dominated Davos in 2007, all of them are global in their impact, their political relevance [1] and in their prospective [2] solutions. The Shifting Power Equation [3], the title of Davos this year, is in part, obviously, about emerging new powers; but it is equally about the fact that power over global issues can only be effectively wielded [4] today by global alliances [5], in turn based on global values.

Individuals become part of mass movements for change and action. Political leaders find that the time quotient [6] between foreign and domestic affairs alters dramatically. **Business gets involved in politics, not as partisans [7] of a political party, but as important actors [8] in global debate.**

1) **relevance:**
   「関連(性)」。形容詞は relevant。

2) **prospective:**
   「将来の、予期された」。prospect「予想、見通し」の形容詞。

3) **equation:**
   「(数学)方程式、均衡点、均衡」。物事がどこでバランスを保つかを示すときに使われる。

4) **wield:**
   「(権力を)ふるう、支配する」。

5) **alliance:**
   「同盟、連携」。

6) **quotient:**
   「比率、指数」。

7) **partisan:**
   「支持者」。

8) **actor:**
   政治用語で「アクター」といえば、「行為者、積極的に行動する人」の意味になる。

Photo by World Economic Forum

Introduction いま、世界が抱えている課題

トニー・ブレア

> **POINT**
>
> **Business gets involved in politics, not as partisans of a political party, but as important actors in global debate.**
> (財界も、政党の支持者としてではなく、グローバルな議論において重要な役者として関与しているのです)
>
> いわゆる not A but B のかたちですが、AとBに対照的な単語を並べ、Aを否定してBを肯定することで、このように効果的なフレーズになります。

👧 ここで出てくる equation というのは、最近の世界情勢を語る上で欠かせない単語になりました。

👦 世界が自由主義と共産主義に二分されている時代は balance of power（力のバランス）という言葉がよく使われました。現在は、中国、インドなどの新興諸国の台頭で、アジアの存在感が増し、世界が新たな均衡点を探っている時代に突入したと言えるでしょう。

👧 ブレアさんは、shifting power equation という言葉を、世界経済の新たな牽引役の登場、グローバルな連携、市民社会の台頭、という幅広い意味で使っていますね。

👦 ダボス会議のテーマをうまいかたちで盛り込みながら展開しています。

【訳】
トニー・ブレア：
　2007年のダボス会議のメインとなっているこれらの課題は、その影響、政治における位置づけ、将来的な解決方法の面において、すべてグローバル・レベルのものです。今年のダボス会議の「変わりゆく力の均衡」というテーマは、一部では明らかに新興諸国に関するものですが、のみならず、グローバルな課題に対する権力は、今日では、グローバルな価値に基づいた、グローバルな連携によってのみ、効果的に行使され得るという事実をも同様に示しています。

　個人は変革と行動にとって大きな原動力のひとつとなります。政治のリーダーたちは、国内と国外の出来事に割く時間の比率が劇的に変化していることに気づいています。財界も、政党の支持者としてではなく、グローバルな議論において重要なアクターとして関与しているのです。

ブレア首相のスピーチのまとめ

　この章で取り上げたのはスピーチ冒頭のハイライト部分のみですが、やはりブレアさんはスピーチ上手であることが、この部分からだけでもうかがえます。全体を通して聞いても、さわやかな弁舌がひときわ光っています。

　学ぶべき点は、滑舌がはっきりとしていること。ひとつひとつの単語が明確に聞こえてきます。さすがに大学の弁論部で、また法廷弁護士として鍛えただけのことはあります。2007年4月時点で、すでに辞任も近いと噂されていますが、この弁舌をもってすれば、仕事のオファーはひきも切らないでしょう。

　Section 2では、クレッシェンドのように上手に盛り上げて、期待していた拍手をちゃんと聴衆から受けています。反対に、盛り上げたのに拍手がこなくてシラける、というのは困ったパターンです。聴衆、スピーカーともに、なんともばつの悪い思いをしますが、そこはさすがベテランの名スピーカー、ブレアさん。ツボを外すことなく、実に見事です。

　Section 3では、前の部分を受けて、「いかに大国であっても、グローバル化の波を認めざるを得ない」と相互依存関係（interdependence）の重要性を指摘しています。この言いまわしにも注目しましょう。

　Secion 4は、対比を巧みに使っている点を見習いたいものです。global alliances と global values をつなぎ、business は partisans ではなく actor であれ、すなわち一政党の便宜を図るのではなく、大局的な見地からグローバルな議論に参加せよ、と説いています。

　このように話の運び方をきちんと構成していれば、しっかり聴衆とアイコンタクトをとりながらスピーチをできるでしょう。

　スピーチ自体から具体的に参考にすべきポイントは、**キーワードをたくみに呈示しながら論理的に話をすすめている**ことです。
　実際に、スピーチの中からキーワードを抜き出してみましょう。

Introduction いま、世界が抱えている課題
トニー・ブレア

<Section 1>
this is the last Davos speech as Prime Minister ⇒ where they went wrong ⇒ how easy the job is

<Section 2>
to start on this note ⇒ Mind you, ⇒ a tremendous spirit ⇒ and such a good atomosphere ⇒ a great thing ⇒ world trade ⇒ climate change ⇒ Africa ⇒ hangs in the balance ⇒ even a short time back ⇒ my optimism

<Section 3>
signs of hope ⇒ bigger shift ⇒ narrow national interests ⇒ broader global values ⇒ interdependence ⇒ 21st century

<Section 4>
three topics ⇒ The Shifting Power Equation ⇒ global alliances ⇒ global values ⇒ business – politics ⇒ partisans – actors

　スピーチの準備をするときは、このようにキーワードをもとに表を作っておくといいでしょう。頭の中ではっきりと自分の言いたいことを整理するのにも役立ちますし、何より音声表現のスピーチで大事なことである「音声面で、どのようにメリハリをつけるか（accentuate and prioritize）」の準備がしっかりとできます。

　大事なところが大事であるように聞こえるというのが、平面に並んだ活字の書き言葉と違う、power of spoken words =「話し言葉の力」です。そうすることによって、スピーチをする側にとっては話すべきポイントが明確になり、聞いている側にとっては印象深く、記憶に残るスピーチになることでしょう。

ボキャビル
～国際関係・国際機関～

以下の国際関係用語、国際機関を習得しておきましょう。

■国際関係（international relations）
interdependent（国家間の関係が）相互依存の ⇔ independent 独自の
self-interest 自分（自国）の利害 ⇔ common interest（加盟国）共通の利害
achieve a breakthrough 突破口を開く
　⇔ be deadlocked 暗礁に乗り上げた
multilateral 多国間の ⇒ bilateral 二国間の ⇒ unilateral 一国の
national interests 国家の利益 ⇔ global interests 世界共通の利益

■国際機関（international organizations）
UN: United Nations　国際連合
OECD: Organization for Economic Co-operation and Development
　経済協力開発機構
WHO: World Health Organization　世界保健機関
WTO: World Trade Organization　世界貿易機関
IMF: International Monetary Fund　国際通貨基金
IAEA: International Atomic Energy Agency　国際原子力機関

また、金融市場で債券を発行して資金調達を行う先には、次のような機関があります。
IBRD: International Bank for Reconstruction and Development
　国際復興開発銀行
EBRD: European Bank for Reconstruction and Development
　欧州復興開発銀行
ADB: Asian Development Bank　アジア開発銀行
AfDB: African Development Bank　アフリカ開発銀行
IADB: Inter-American Development Bank　米州開発銀行
IFC: International Finance corporation　国際金融公社

なお、金融の世界では、債券を発行する国際機関のことを supranationals、略して supras などといいますが、supernational と間違えやすいので気をつけましょう。

第1部
変わりゆく力の均衡
The Shifting Power Equation

Photo by World Economic Forum

アクティブ・リスニングのすすめ

　アメリカ国務省の通訳官・通訳教育担当官デービッド・ソーヤーさんを囲む懇談会*でふたつの質問をしたことがあります。ひとつは、AIIC（国際会議通訳者協会）の会長だったジェニファー・マッキントッシュさんが言った'Interpreters are made not born'の言葉どおり、「通訳者は養成することでつくられるのか」ということ。もうひとつは、「通訳者にとって必要な訓練で、毎日心懸けるようにしていることは何か」でした。ひとつめの答えは「養成することができる」というもの。ソーヤーさんは教官として通訳者の養成にあたっているのですから、この答えは予想がつきました。もうひとつの問いに対する答え、これが「アクティブ・リスニング」でした。

　アクティブ・リスニングとは、しっかりとスピーカーが話している内容を聴き取り、自分自身の言葉でそのスピーカーが言っていることを言えるように聴くことを指します。聞き取るときは自分自身の判断や意見をさしはさまずに、テーマとスピーカーに集中して聞きます。

　まずは、話されているテーマに集中し、そのテーマについて自分が持っている知識を活用してスピーカーの言っている内容の理解につとめます。また、スピーカーがどんな気持ちでその内容を伝えているのか、声の調子や抑揚などもヒントに理解していきます。テーマとスピーカーがどういう関係で、どういう気持ちで話しているのかがつかめれば、そのスピーカーになりかわった気持ちで、そのメッセージを自分の言葉で伝えることができるはずです。

　こうなると、これはもう通訳の仕事に限りなく近いことです。アクティブ・リスニングをしたあと、その内容を今度は外国語で表現して繰り返します。これを母語で表現すれば、それはもう通訳をしていることになります。通訳者は聞き取ったことを他の人に伝えるのが仕事ですから、内容が理解できるのはむろんのこと、内容を正確に再現できなくてはなりません。再現しようと思うと、かなりの集中力が試されます。

　このように、アクティブ・リスニングとは、スピーカーの言葉をそのまま忠実に、しかも、そのあとで内容を再現できるように聞くことです。シャドーイング（発話されている音声を、自分でなるべくぴったりと後について発してみること）も、アクティブ・リスニングの1種類とも位置づけられるでしょう。音声を発しないで、内容を頭の中で繰り返すサイレント・シャドーイングをするのも有効です。もし、気に入った言いまわしが出てきたら、その表現を自分でも使えるようにしていきましょう。

*2007年2月7日、東京外国語大学における、デービッド・ソーヤー氏講演より

PART 1 アクティブ・リスニングのすすめ

　以上で述べたことは、外国語能力を高める学習をする上でも有効です。4つの技能、「聞く」「読む」「話す」「書く」のうちで、いちばん基本的なのは「聞く」ことです。誰しも最初は聞き取れないところからのスタートです。聞き取っていく中で、自分が「これは使える」というものをストックしていく。聞き取った内容を口に出して発音してみる。実際に自分で発声する絶対量を増やすことが、学習のどの段階でも必要ではないでしょうか。

　こうして、ストックされている表現が増え、ネイティブ・スピーカーが実際にどう話しているのか聞いたことがあれば、どのように話すのが適切なのか、自然と身についていきます。

　さらにもうひとつ効用をあげましょう。

　しっかり文法を学んだ人なら、こういう経験があるのではないでしょうか。文法的に正しいと思って作った文章なのに、実際にはそういう表現はしない、使われないと指摘された……。言語は使われているうちに、どこの国の言語であれ、自然とよく使う表現と、そうでないものに分かれていきますが、ある程度の量以上、ネイティブ・スピーカーが実際に使っている生の音声を聴いていないと、その判断がつきません。外国で生活した人のほうが有利、というのはこういう事情によります。

　たとえば、日本語にはないために、日本人が苦手な冠詞・前置詞も、アクティブ・リスニングでしっかり聞いて、シャドーイングで繰り返すことで「口で覚える」感覚を身につけるのが有効でしょう。冠詞・前置詞は、文法的に理解しただけでは、なかなか使いこなせません。外国語を口にする絶対量を増やすには、外国生活をしてどっぷり外国語につかった人のほうが有利であることは事実です。

　とはいえ、今は衛星放送やケーブルテレビで簡単に外国の放送が生で聞けるだけでなく、手軽にダウンロードして携帯プレイヤーで再生できるという便利な世の中になりました。外国に一度も行ったことがなくても、生の外国語の言語感覚を自分の努力で日本にいながらにして身につけられる時代です。外国語学習途中の人も、すでに国際派ビジネスマンあるいは通訳者として実際に活躍している人でも、アクティブ・リスニングは必要なトレーニングです。そういえば、ソーヤーさんも、アイポッドを利用して、ドイツのテレビやラジオ番組を毎日ダウンロードし、暇さえあれば、訛りのある発音や、あまり聞いたことのない表現や言い回しなどを確認しながら聞いているとおっしゃっていました。

参考文献：*The Art of Public Speaking*. Fifth Edition, Lucas, Stephen (1999), McGraw Hill

Photo by World Economic Forum

第1章
グローバル経済
The Global Economy

Photo by World Economic Forum

ローラ・タイソン
（カリフォルニア大学バークレー校教授）

Chapter 1　　　CD_06

グローバル経済
The Global Economy

Laura D. Tyson — Professor of Economics, University of California, Berkeley
ローラ・タイソン（カリフォルニア大学バークレー校教授）

　この章では、世界経済の動きを検討するセッションを取り上げます。カリフォルニア大学バークレー校ハース・スクール・オブ・ビジネスやロンドン・ビジネス・スクールの学部長を歴任し、クリントン政権では大統領補佐官を務めたエコノミスト、ローラ・タイソン氏によるグローバル経済の見通しを聞いてみましょう。

■ セッションの背景

　アメリカ、中国、インドなどの多国籍からなるパネリストの大半は、ラウンドテーブル形式で行われたこのセッションにおいて、当面の世界経済の動向に関して、楽観的な見通しに終始した。キーワードは、過熱も低迷もせず、ほどよい成長が持続する状態を指すGoldilocks。タイソン氏は、「米国への投資」＋「中国の活発な消費」という要因に加え、新興諸国の世界経済に占める割合が初めて50％を超え、アメリカの景気が世界経済に与える影響が減少していると述べた。

　懸念されるアメリカの景気についても、ソフトランディングの予測が大半。そんな中、エコノミストのルービニ氏は、米国の景気減退に懸念を表明した。具体的には3つの要因として、「信用の逼迫」「住宅バブルの崩壊」「自動車産業の苦境」を挙げた。住宅バブルの崩壊については、特にサブプライムと呼ばれる信用力の低い低所得の借り手へのローンが問題になっているが、すでに2007年3月半ばには、高い金利負担に耐えきれず融資が焦げ付いて、担保になっている抵当物件の差し押さえが相次ぎ、株価の下げを誘う局面があった。自動車産業についても、すでにGMは販売台数でトヨタに追い越されるのが時間の問題となっている。というように、実際に景気減退の兆しは見え隠れしている。

PART 1 Chapter I グローバル経済
ローラ・タイソン

　共同司会者のひとり、TIME誌記者ピーター・ガンベル氏の質問を受けて、タイソン氏の考察がスタートする。

■ スピーカーのプロフィール

ローラ・タイソン Laura D. Tyson
(1947- アメリカ)
カリフォルニア大学バークレー校教授：
Professor of Economics, University of California, Berkeley

　マサチューセッツ工科大学（MIT）博士課程修了。プリンストン大学を経て、カリフォルニア大学にて教鞭を取る。経済諮問委員会（CEA)委員長、国家経済会議議長（クリントン政権）、ロンドン・ビジネス・スクール（LBS)経済学部長などを歴任。AT&T、イーストマン・コダック社の役員の肩書きも持つ著名エコノミスト。

Photo by World Economic Forum

ピーター・ガンベル Peter Gumbel
　TIME誌記者。20年以上の記者、外国特派員経験をもつ。現在はパリ在住。シアンス・ポー大学院でジャーナリズムを教えている。ロンドンの有名な新聞街であるフリートストリートのロイター勤務から記者生活をスタート、その後、1984年よりウォール・ストリート・ジャーナル紙のボン特派員となる。ニューヨーク、モスクワ、パリ、ベルリン、ロサンゼルスで勤務し、ロサンゼルスでは2000年まで支局長を務めた。ゴルバチョフ大統領の報道を行った1988年から1992年のモスクワ勤務がキャリアのハイライトであったというのが本人の弁。

■ 他のパネリスト

モンテク・シン・アルワリア
（インド政府計画委員会副委員長、インド）
ジェイコブ・フレンケル
（AIG副会長、アメリカ）

ヌリエル・ルービニ
（ルービニ・グローバル・エコノミクス会長、ニューヨーク大学スターン・ビジネス・スクール教授、アメリカ）
朱民（ズー・ミン）（中国銀行副頭取、中国）

＜司会＞
マイケル・エリオット（タイム・インターナショナル、イギリス）
ピーター・ガンベル（タイム・フランス、イギリス）

Section 1　CD_06
ゴールディロックス経済

Peter Gumbel:
So last year, um, at this forum, uh, this table brilliantly predicted a good year. Um, and we'll get into some of the things we got wrong[1], perhaps later on, uh, but the thrust was, 'it's a great year' and the line of the day [2] was, uh, from Laura who said, 'It's going to be a **Goldilocks Economy** [3].' And, uh, sure enough, it was.

And the Goldilocks Economy has become almost a cliché [4] in terms of how to describe 2006. So of course the question is, as we look at 2007, Laura, is it more of the same? Is it *Little Red Riding Hood's* [5] granny about to be eaten by the wolf? Or is it *A Nightmare on Elm Street* [6]?

1) **get wrong:**
「間違える」。get right が「正しくとらえる」。ここでは「言い当てる」というニュアンス。

2) **line of the day:**
「その日の決め台詞」。line には「台詞」の意味がある。

3) **Goldilocks Economy:**
本編のキーワード。昔話「3匹の熊」に出てくる金髪の女の子 Goldilocks（ゴールディロックス）が、熱すぎもせず、冷たすぎもしないおかゆを好み、硬すぎず、柔らかすぎないベッドを好んだように、過熱もせず停滞もしない「中庸」「ほどほど」の景気のこと。

4) **cliché:**
「決まり文句」。

5) ***Little Red Riding Hood:***
『赤ずきん』。granny は赤ずきんの「おばあちゃん」のこと。

6) ***A Nightmare on Elm Street*:**
『エルム街の悪夢』は、1984年、アメリカで製作されたホラー映画。

前年の同セッションの様子。中央が司会のピーター・ガンベル氏。
Photo by World Economic Forum

PART 1　Chapter I　グローバル経済
ローラ・タイソン

POINT

Goldilocks Economy （ゴールディロックス経済）

「中庸を行く経済」という意味ですが、エコノミストの間で流行語になった感があります。経済関係のトーク番組でも、よく使われています。例えば、エコノミストが金融政策担当者のことを評して He will play Goldilocks game. と指摘すれば、「金融当局はお風呂でちょうどいい湯加減になるような景気になることに賭ける」と自分は予測しているということになります。経済成長が過熱も停滞もせず、大きな衝撃もなく健全に推移することを可能にするという信念を、簡単に言い表したもの。

　旺盛な個人消費に支えられて好調を謳歌してきたアメリカ経済が、ソフトランディング（景気の軟着陸）できればゴールディロックス経済、クラッシュランディングしてしまうと景気後退の危険あり、と指摘されています。

- うーん、この導入うまいなあ。brilliantly predicted という言い方もイギリス人的。
- そうなんですよね。他にイギリス人がよく使う副詞では lovely があります。
- そういえば、ミュージカルの『マイ・フェア・レディ』には *Wouldn't it be lovely?*（『素敵じゃないこと？』）という歌が出てきますね。あと、『赤ずきん』だの『エルム街の悪夢』だの、想像力をかきたてるようなカラフルな表現を使っています。
- このあたりが、ジャーナリストの表現力の豊かさなのでしょう。赤ずきんとおばあちゃんがオオカミに襲われる話も怖いけど、『エルム街の悪夢』の主人公フレディは、眠った人の夢に現れて、右手にはめた鉄の爪で相手を引き裂く殺人鬼。夢の中で彼に殺された者は、現実でも同様の傷を負って死に至る、という話の方がもっと怖いかも。いずれにせよ、「ゴールディロックス経済」の先行きに不安要素はないのか、と問い掛けているわけですね。

【訳】
ピーター・ガンベル（司会）：
　去年、このフォーラムの、このラウンドテーブルでは、(昨年1年間の)景気がよい年になると見事に言い当てました。言い当てられなかったことも後で取り上げることになると思いますが、肝心な点は「景気が大変よい年になる」ということであり、決め台詞はローラ・タイソンさんが言った「ゴールディロックス経済になる」でした。事実、その通りになりました。

　ゴールディロックス経済は、2006年の経済状況を説明するいわば決まり文句になっています。そこで、問題は2007年をどう見るかですが、また同じ状況でしょうか？　果たして、『赤ずきん』のオオカミに食べられる寸前のおばあさんのようでしょうか？　それとも、『エルム街の悪夢』のようになるのでしょうか？

Section 2 CD_07
世界はもはやアメリカだけが動かしているのではありません

Laura D. Tyson:

First of all, we're enjoying a long run trend, our colleague Ken Rogoff [1] has done some very good work on this, uh, of reduced volatility [2] in both output and financial market's interest rates. Second of all, there is real rebalancing [3] now going on, uh, in growth across countries, uh, so the world is no longer as dependent on a single locomotive [4], the United States.

In fact, of course last year is a milestone [5] year for the global economy, because in real purchasing power parity terms [6] the emerging markets became more than half of the world economy which is why almost half of this panel, uh, consists of representatives from the emerging market economies.

If you look at projections for this coming year, what you'll see is an **amazing similarity of predictive growth rates** for the U.S., Europe, and Japan in the nature of two, two and a quarter percent.

1) **Ken Rogoff:**
Kenneth Rogoff（ケン・ロゴフ）は国際通貨基金（IMF）のチーフ・エコノミスト。著名なマクロ経済学教科書 Foundations of International Macroeconomics の著者でもある。

2) **volatility:**
「変動性」。投資家は変動性をもっとも嫌う。経済もしくは市場が、おおむね一方向に動くのであれば投資判断を下すことができるが、大きく変動し、しかも方向性がつかめない場合、判断がつきにくい。

3) **rebalancing:**
「バランスのとり直し、均衡のとり直し」。

4) **single locomotive:**
「単一の機関車」。「牽引役のエンジン」という意味もある。

5) **milestone:**
「一里塚」。ある程度の距離まで到達したという目安。

6) **in real purchasing power parity terms:**
「（インフレを除いた）実質購買力平価」。購買力平価とは、それぞれの国々で、同じ品目を買うのにいくらかかるのかを比べた金額。わかりやすい例としては、マクドナルドのビッグマックがいくらで買えるか、などがある。

PART 1　Chapter 1　グローバル経済

ローラ・タイソン

> **POINT**
>
> ## amazing similarity of predictive growth rates
> （予想成長率がほぼ同じであることに驚きます）
>
> 　amazing similarity と predictive growth rates、それぞれ「形容詞＋名詞」を使って言っていますが、「成長率予測をしてみると、驚くほど世界的に近い数字が出てくる」というのが言いたい点ですね。

- 明快なエコノミストらしい口調ですね。
- 「IMFのチーフ・エコノミストが研究した結果に基づいてみても」と、自分だけがこの説を主張しているのではない、と論理付けをしています。
- 「変動性が縮小」と言うとわかりにくいけど、平たく言えば「成長が続いていてあまり景気のぶれがない」ということですね。
- そう。そして、この本の第1部のテーマでもある「変わりゆく力の均衡」がrebalancing という単語で出てきますね。実際に、アメリカ以外の発展途上国も力をつけてきているので、世界経済の中で途上国が侮れない存在になってきた、と認めています。
- 「実質購買力平価」というのもわかりにくいかもしれないけど、マクドナルドでハンバーガーを食べるのに、あるいはスターバックスでコーヒーを飲むのに、それぞれの国でいくら払う必要があるのか、と考えるとわかりやすい。
- そうそう。だけど、スターバックスのコーヒーは世界的に均一価格を定めるのが会社のポリシーだとかで、地元の人の懐事情からすると、とても高いものになっている。上海に行ったとき、びっくりしました。でも、マフィンやクッキーなど、コーヒー以外のものは現地価格でした。

【訳】
ローラ・タイソン：
　まず、私たちは長期にわたって続いている（好景気）傾向を享受してきました。エコノミスト仲間であるケン・ロゴフが、この面において大変素晴らしい分析を行っています。生産面と金融市場の金利の両方において、変動性が縮小しています。次に、諸国が成長を遂げていることを受けて、力の均衡の見直しが行われています。従って、世界はもはや、アメリカという単一の牽引役に依存していないのです。

　事実、昨年がグローバル経済にとって記念すべき年であったことは間違いありません。というのは、実質購買力平価で見ると、発展途上国経済の規模が世界経済の半分を占めるに至ったからです。だからこそ、このパネルの半分近くが発展途上国出身の人で占められているのでしょう。

　来年についての予測を見てみますと、アメリカ、ヨーロッパ、日本の予想成長率が、ほぼ同じであることに驚きます。およそ 2 ～ 2.25 ％の範囲になっています。

Section 3 CD_08
エコノミストには見えないオオカミ？

Laura D. Tyson:

And then finally, just let me say that we had another very strong year of world trade growth if you look at the last forty years, and particularly then the last decade what you see is that trade has been the, has been pulling faster than the global economy, so we hit another milestone last year which is trade as a share of global GDP rising to more than 30%.

So I think with the milestones, uh, with the rebalancing going on, uh, with, uh, the world having absorbed higher oil prices [1] and shown that, uh, it is resilient [2] to growth in that respect, uh, with, uh, **some promising signs of a contained, but controlled but none the less significant** [3] **change in the Chinese exchange rate**, all of those things to my mind suggest, uh, another Goldilocks year. It'll look different from the last Goldilocks year.

But of course, I will end just with the view that if, uh, I think one of my colleagues, uh, observed that over the past twenty years there's been a significant unpredicted economic financial shock [4] in one out of every three, so we should be a little aware of the fact that the big bad wolf often is hiding in the forest, and we economists, can't see him. Thank you.

1) **absorbed high oil prices:**
「高騰した原油価格を吸収」とは、原油高というリスク変動要因が成長力の足かせにはならなかったことを言っている。このように、経済で absorb といえば、何らかの出来事が「吸収」されて影響が及ばなかったときに使われる。

2) **resilient:**
「打たれ強い、回復力がある」。

3) **contained, ... controlled but ... significant:**
最初のふたつは直訳すると「封じ込められた」「管理下におかれた」で、「それほど割合は大きくないが」という意味。そうであっても、人民元の為替相場が動いたということ自体、「重要な」「顕著な」という評価になっている。

4) **financial shock:**
「金融危機」。

PART 1　Chapter 1　グローバル経済
ローラ・タイソン

> **POINT**
>
> **some promising signs of a contained, but controlled but none the less significant changes in the Chinese exchange rate**
> （それほど大きな変化ではなく抑制された変化ではありますが、中国の人民元の為替相場にもはっきりした変化がみられます）
>
> 「抑えられた、抑制がきいているとはいえ、中国の人民元為替相場に着実に変化がみられる」という慎重な発言。断定は避けて、控えめな言いまわしを好む。

- 次に大きなテーマ、通商にふれていますね。
- やっぱり通商拡大が去年の大きな変化だったので、この点に触れざるを得ないということでしょう。
- 中国に通貨切り上げをやらせろ、という市場からの圧力は強いものがありますね。
- ですが、それでも景気はいいだろうと言っています。でも、「最後に予期せぬオオカミが森の中に隠れているかも」と、最初に質問したガンベルさんの表現に合わせているところなんて、議論の運び方が上手ですね。

【訳】
ローラ・タイソン：
　また、大変力強く世界貿易が成長した年でした。過去40年、特にこの10年を振り返ってみるなら、去年がどういう年であったかというと、グローバル経済以上に貿易が急速に成長した年です。その結果、去年は貿易が世界のGDPに占める割合が30％を超えた記念すべき年でもありました。

　こういう記録があり、さらに力の均衡が見直されている現状において、世界は高騰する石油価格を吸収し、成長力を堅持できるところをみせてきました。それほど大きな変化ではなく、抑制された変化ではありますが、中国の人民元の為替相場にもはっきりした変化がみられます。これらをすべて勘案して考えると、今年もまた、ゴールディロックス経済の1年になると思います。去年のゴールディロックス経済とは違うでしょうけど。

　ただし、ここでの発言の締めくくりとして、同僚のひとりが言っていましたが、この20年くらい、世界では予測のつかない金融危機が3年に1度くらいの割合で襲っています。ですので、大きな悪いオオカミがどこか森の中に隠れているのだけど、私たちエコノミストにはその姿が見えないのだ、と申し上げておきましょう。

Section 4　CD_09
グローバル化がもたらす弱み

Laura D. Tyson:
Most of the voting was actually probably done on the basis of the war in Iraq. So although there were protectionist [1] races, and although Lou Dobbs [2] does claim a large, uh, viewership [3], uh, in the U.S., uh, economy, uh, it's still the case that vote wasn't primarily for uh, a protectionism but I was struck by the fact that this year, uh, we've had, uh, a series of articles, **Martin (Wolf) [4] is not here this year, maybe he is here, maybe he's in the audience.**

A series of articles in the *FT* [5] from Martin and Larry Summers [6] and others are emphasizing the key vulnerability of globalization being the declining wage or compensation share in national income in all the developed economies and the peak profit share in all the developed economies and of course we have the most recent *Economist* [7] being all about inequality.

「フィナンシャル・タイムズ」紙の主任エコノミスト、マーティン・ウルフ氏。
Photo by World Economic Forum

1) **protectionist:**
「保護主義的な」。

2) **Lou Dobbs:**
ルー・ダブスとは CNN の経済ニュースアンカーで、アメリカの労働者を十分に守っていないのは、職を海外に移す企業や不法移民を取り締まらない政府に責任があるという独自の主張を一貫して行っている。

3) **claim viewership:**
「視聴者を獲得している」。

4) **Martin (Wolf):**
マーティン・ウルフ。FT（下記注5参照）の編集者、主任エコノミスト。グローバル化の支持者。

5) ***FT*:**
FT とは *Financial Times*「フィナンシャル・タイムズ」紙の略。日本の「日本経済新聞」にあたる。ちなみに FT 100 Index とは、「フィナンシャル・タイムズ株価指数」のこと。Footsie とも言われる。

6) **Larry Summers:**
ラリー・サマーズ。前ハーバード学長で、その前はクリントン政権の高官も務めたエコノミスト。FT にもよく寄稿している。

7) ***Economist*:**
「エコノミスト」誌。ロンドンで発行されている著名な週刊経済誌。日本でも同名の週刊誌が毎日新聞より発行されているが、「毎日エコノミスト」「ロンドン・エコノミスト」と言って、両方とも購読していることが多い金融機関関係者の間では区別されている。

PART 1　Chapter 1　グローバル経済
ローラ・タイソン

> **POINT**
>
> ## Martin (Wolf) is not here this year, maybe he is here, maybe he is here in this audience.
> (マーティン（・ウルフ）は今ここにはいませんが、聴衆の中にいるかもしれませんね)
>
> 　誰かの名前を出すのは、聞いている人に「え？　あれ？」と思わせる効果があり、長いパネルディスカッションの時などには有効な手。聞いている人が飽きないように、時にはハッとさせるように聴衆を指して「そこの方、いかがですか」と話を振るなど、場をうまくもたせるためには、そういう工夫が必要になってきます。

🧑　うーん、やっぱりイラクでの戦争がアメリカの中間選挙にもたらした影響は大きかったですね。それから、ここで名前が挙げられたルー・ダブスといえば、「アメリカ人の職を守るため、不法移民には断固反対」という主張を繰り返すopinionated (強い自説を持つ)なCNNのニュースキャスター。

👩　ええ、でもこの人くらい主張がはっきりしているとわかりやすいですね。先ほど、volatilityの説明 (p. 42 語注2参照) で「経済は曖昧さを嫌う」というのが出ましたが、同時通訳者も曖昧さは嫌います。はっきり明言してくれるスピーカーはありがたい。

🧑　そこへいくと、ローラ・タイソンはかなり、慎重な言いまわしですね。

👩　ええ、いかにも。それに、同僚のエコノミストの名前を多く出して、なにも自分ひとりの主張ではないということを見せている。そのあたりは、賢明です。

【訳】
(共同司会者、マイケル・エリオットの「グローバル化への反動として保護主義の動きが出てこないだろうか」という質問に答えて)
ローラ・タイソン：
　実際には（アメリカの中間選挙での）投票はイラクでの戦争の状況下で行われたのです。なので、保護主義的な動きはありますし、（保護主義者として知られる）ルー・ダブスはアメリカ経済の中でかなりの視聴者数を獲得してはいるものの、去年の中間選挙が保護主義中心であったとは思いません。それよりも、いくつもの記事が掲載された年であったという事実の方が印象的に残っています。マーティン（・ウルフ）は今、ここにはいませんが、もしかしたら聴衆の中にいるかもしれませんね。

　マーティン・ウルフやラリー・サマーズが「フィナンシャル・タイムズ」紙に連載記事を書き、他の人たちも強調しているように、グローバル化がもたらす弱みとは、すべての先進国で、国民所得に占める賃金ないし報酬額の割合が下がる点です。また、すべての先進国で、国民所得に占める利益の割合が頭打ちとなる点です。最近の「エコノミスト」誌は不均衡についての記事ばかりです。

トップの英語から学べるポイント

　明快な発音、スピードが早すぎない発話。ローラ・タイソンのスピーキングはお手本になります。彼女の話し方には特徴が3つあります。

　1）　発音も滑舌もはっきりしていて聞きやすい
　2）　論理構成がしっかりしている
　3）　文章に間があり、相手が聞いているのを確認して話している

　つまり、話についていきやすいタイプのスピーカーです。反対に、一番困るスピーカーとは、**1）音がはっきり聞き取れない　2）次にどういう論理展開になるのか予測がつかない　3）文の区切りがはっきりしていない**というタイプです。ローラ・タイソンは見事にその逆をいっているわけです。

　私たちが話をして、相手にはっきりと意図をわかってもらえるように伝達しようと思うのであれば、こういう話し方はぜひ、真似してみたいものです。車の運転をするときでもそうですが、右に曲がるのか、左に曲がるのか、まっすぐ進むのか、はっきりと合図を出して運転していれば交通事故にならずに済みますが、ロジックがどう展開するのかわからないと、会話でも追突の危険があります。

・豊かな比喩表現

　経済用語は硬くて面白みに欠ける、と思っている人が多いかもしれませんが、実際にはこのセッションのように、動物が出てきたり、映画が取り上げられたりと、さまざまな比喩表現を交えながらやりとりが行われることもあります。そうすることによって、イメージがわきやすくなるとも言えるでしょう。

　例えば、金融引き締め（金利引き上げ）を行うべきと主張するインフレ警戒派のことを hawkish（タカ派）、金融緩和（金利引き下げ）を主張する人を dovish（ハト派）と形容します。その他、市場の動向に強気の見方を bullish、弱気の見方を bearish という言い方もあります。

　なぜ、bull（牡牛）と bear（クマ）なのか、というのには諸説ありますが、一説によると、攻撃するとき雄牛は角を突き上げるので、それが上昇カーブになぞらえられ、クマは手を下に叩きつけるので、それが下降カーブを描いているから、と言われています。

PART 1 Chapter 1 グローバル経済
ローラ・タイソン

同時通訳者からのコメント
「例え話とユーモア」

　同時通訳をしていると、話の筋を追いやすいスピーカーとそうでないスピーカーの差はとてもよくわかります。「通訳者は一番熱心な聞き手」というのがある先輩通訳者の弁です。通訳者の仕事の核心とは、話の内容を聞き取って言いたい内容を別の言語で伝えることなので、まず聞き取れないことには話が始まらないのです。ここで出てくるタイソンさん、共同司会者のガンベルさんは、おふたりとも話し上手でしかも聞き取りやすい。それだけではありません。聞いていて楽しいスピーカーです。なぜか。例え話とユーモアのある話し方をしているからです。例え話はなかなか難しいところがあって、下手に使うと、かえって聞いている人が混乱してしまいます。ですが、ここでは経済の話に、誰でも知っているようなおとぎ話や映画から例え話を入れることで、聞いている人の興味をひきつけ面白く話を聞いてもらうようにしています。その工夫が成功しているところ、見習いたいものです。

国際金融マンからのコメント
「ヒアリングとコツ」

　仕事上、プレゼンテーションを聞く場合、最近ではパワーポイントの資料が用意されることが多いので便利。話の筋が追えないという事態は回避できます。つい資料に頼る癖がついてしまって、ないときは何となく落ち着かず不安になります。

　ローラ・タイソンの話し方は聞きやすいとはいっても、趣旨をきっちり理解するのは大変なこと。コツといっても特別なものはなく、枕詞が出てきた時点でそれに続く言葉や文章に神経を集中し、キーワードを聞き取って幹の部分を理解することに尽きると思います。

　Section 2 から 3 を例にとってみると、First of all に続く we're enjoying a long run trend ....、Second of all の後の there is real rebalancing ... across countries、そして And then finally の次に来る ... very strong year of world trade growth といった文章をマークすれば、話の大まかな流れは理解できるでしょう。

ボキャビル
〜グローバル経済〜

本章では、ある一定期間の国家の家計簿とも言える Balance of payments（国際収支）の大きな枠組みとそれに関連する用語を取り上げてみました。

Trade balance	貿易収支（輸出入）	①
Non-trade balance	貿易外収支（サービスなど）	②
Current account balance	経常収支	③(=①+②)
Capital account balance	資本収支 （直接投資、資本移転など）	④
Changes in reserve assets	外貨準備増減 （対外資産の増減）	⑤
Foreign exchange reserves	外貨準備高	③+④+⑤

加えて、以下の対の単語もおさらいしておきましょう。

```
export    輸出 ⇔ import    輸入
payments  支払 ⇔ receipts  受取
outflow   流出 ⇔ inflow    流入
public sector  公共部門 ⇔ private sector  民間部門
production  生産 ⇔ distribution  流通
surplus   黒字 ⇔ deficit   赤字
```

なお、黒字・赤字を表す場合、current の場合は account を入れますが、trade の場合は account が省略されるのが普通。
例　trade surplus（貿易黒字）、current account deficit（経常収支の赤字）

第2章
課題を決めるのは誰か？
――政府・メディア・企業、民主主義の新たなるパワーバランス

Who Will Shape the Agenda?

Photo by World Economic Forum 　　Photo by World Economic Forum

ゴードン・ブラウン
（イギリス財務相）

ロイド・ブランクファイン
（ゴールドマン・サックス会長兼CEO）

Chapter II CD_10

課題を決めるのは誰か？
―政府・メディア・企業、民主主義の新たなるパワーバランス
Who Will Shape the Agenda?

Gordon Brown — Chancellor of the Exchequer of the United Kingdom
Lloyd C. Blankfein — Chairman and Chief Executive Officer, Goldman Sachs Group

ゴードン・ブラウン（イギリス財務相）
ロイド・ブランクファイン（ゴールドマン・サックス・グループ会長兼CEO）

　この章では、グローバル化、インターネット化した社会において変わりつつある政府、メディア、企業の責任について話し合われたセッションを取り上げます。次期首相候補と噂されるイギリスのブラウン財務相、アメリカ投資銀行の雄、ゴールドマン・サックスのブランクファイン会長の発言から、「議題（＝アジェンダ）」の決定権を握るのは誰か、探っていきましょう。

■ パネルディスカッションの背景

　世界経済は歴史的転換期にある。経済や市場のグローバル化が進み、インターネットの進化で、個人ひとりひとりの力が大きくなってきている。このような環境下、政府、メディア、企業がどのようなバランスと関係を保ち、どのような責任を果たしていくのかが、現代民主主義の力と健全性に影響を与えていく。

　ブラウン財務相、ブランクファイン氏のほか、メディア王のルパート・マードック氏、中国のIT起業家、イスラエル外相も加わり、みな熱弁を奮った。

　ブラウン氏は、インターネットの普及で個人の影響力が増し、政治家は意思決定にそれを反映させる必要があり、そしてその過程でオープンなディベートを行うべきだと説いた。

　それを受け、マードック氏は、public opinionも大切だが、上に立つ者のリーダーシップも必要だと補足。

　また、ブランクファイン氏は、You need to convince people and be compelling.（国民を説得し、動かさなければならない）とリーダーに対して発言。「金融市場はダイナミックで、政策を変える力がある」、「産業界のリーダーたち

は、社会の取り残された人たちに目を向けなければならない」とも述べ、Life has to be more than about subsistence.（人生には単に生存するという以上のものがなければならない）と語った。

■ スピーカーのプロフィール

ゴードン・ブラウン Gordon Brown（1951- イギリス）
イギリス財務相：Chancellor of the Exchequer of the United Kingdom（1997-）

　スコットランド・グラスゴー生まれ。エジンバラ大学で博士号（歴史）取得。大学講師、テレビ局のジャーナリストを経て、1983年、政界入り。

　1997年の財務相就任直後、イングランド銀行に政策金利決定権を委譲したことが、現在好調なイギリス経済の礎となったとの高い評価を得た。長年、ブレア首相の後任と目されてきたが、ブレア首相の退任表明により、ようやくそれが現実味を帯びてきている。

Photo by World Economic Forum

ロイド・ブランクファイン Lloyd C. Blankfein（1954- アメリカ）
ゴールドマン・サックス・グループ会長兼CEO：Chairman and Chief Executive Officer, Goldman Sachs Group（2006-）

　ハーバード大学ロースクール卒。法人税担当の弁護士としてキャリアを積み、1981年、ゴールドマン・サックスのコモディティ・トレーディング（商品取引）部門に入社。2006年6月より現職。2006年度のボーナスは5,340万ドル（約63億円）と日本でも話題になった。他の会社の役員は兼務していないが、大学関係などの非営利団体の活動も幅広く行う。

Photo by World Economic Forum

■ 他のパネリスト

ツィピ・リヴニ
（筆頭副首相兼外務大臣、イスラエル）

馬雲（ジャック・マー）
（アリババドットコム創立者兼CEO、中国）

ルパート・マードック
（ニューズ・コーポレーション会長兼CEO、アメリカ）

＜司会＞
チャーリー・ローズ
（『チャーリー・ローズ・ショー』司会兼エグゼクティブ・プロデューサー）

Section 1　CD_10
もはや国民の参加なしに政治決定は下せない

Gordon Brown:
We're o- operating, if you like [1], in the slow-slow lane of a super information, uh, highway, uh, and we are not yet able to respond to what is that explosive power.

I- I think it was Shelly [2] who said, uh, that **the politicians had lost the art of communication but not, alas [3], the gift of speech.** And I think, I think, I think there is, there is a danger that we have not caught up. So I would say we have got to be conscious that you cannot make political decisions now without people being involved in the decisions.

And I think our failure to deal with trade, globalization, winning the battle [4] of hearts and minds [5] in relation to Al Qaeda, is all a reflection of that.

1) **if you like:**
「つまり、言ってみれば」。イギリス人が例を挙げるときなどに使う。

2) **Shelly:**
Shelly Lazarus（シェリー・ラザルス）はオグルヴィ・アンド・メイザー（広告代理店）の会長兼CEO。

3) **alas:**
「悲しいかな（感嘆詞）」。

4) **win the battle:**
「戦争に勝つ」。ここでは「勝ち取る」という意味。

5) **hearts and minds:**
「人心」。イラクでは、アメリカ軍はまず人民の心をひきつけることが必要と言われた。

PART 1　Chapter II　課題を決めるのは誰か？
ゴードン・ブラウン

> **POINT**
>
> ## the politicians had lost the art of communication but not the gift of speech.
> （政治家はコミュニケーションの手法を失ったが、スピーチの才能は失っていない）
>
> 　政治家は説得ができなかったら政治家ではありえない。そんなことを感じさせる発言です。コミュニケーション手法を失ったが、スピーチの才能は失ってなかった。そういう政治家に説得されてしまうと、思ってもない方向に誘導される危険があります。

👩　ブラウンさんの話しぶりは、低く太い声で自信たっぷりという感じですね。いわゆるスコットランド訛りはありませんし。

👨　たしかに。かといって、いわゆる「オックスブリッジ（オックスフォード＋ケンブリッジ）」風のアクセントではありませんけど、説得力のある英語ですね。一字一句、気持ちを込めながらも冷静さを保ち、落ち着いて話しています。

👩　a slow lane という比喩が効いていますね。

👨　政治家は比喩をよく使います。slow lane と fast lane という言いまわしは、イギリスでは高速道路でいうと、それぞれ「走行車線」と「追い越し車線」のこと。それ以外では、例えば、プールなんかで速く泳ぎたい人用のレーンには fast lane という標識があるんですよ。あと、よく知られたところでは、エレベーターでしょうか。

【訳】
ゴードン・ブラウン：
　われわれ政治家は、言ってみれば、情報スーパーハイウェイの遅い方の走行車線を走っているようなもので、情報の爆発的な力が何かということには、まだ答えを出すことができないでいます。

　政治家はコミュニケーションの手法を失ったが、悲しいかな、スピーチの才能は失っていなかった、と言ったのは、たしかシェリー（・ラザルス）さんだったと思います。そして、政治家は市民の情報レベルに追いついていない危険性があります。ですから、今や政治決定は国民の参画なしには下せないということを認識する必要があります。

　そして、貿易、グローバル化、アルカイダなどの問題に対して、人々の心をつかみきれていないとしたら、すべてそのことの認識不足を反映しているのだと思います。

Section 2　CD_11
変革の本質は、人々が情報を入手していることにある

Gordon Brown:
You've got to involve[1] people in the decisions and I think you've got to be upfront[2], open, and have big national debates, and sometimes global debates on the big issues of our time, if you're going to actually both involve people in the decisions and get the right decisions.

So I think it's gonna change, but it hasn't yet changed yet for politics.

The nature of the change is that people are getting information, uh, all the time as far as the Middle East is concerned. You've got to be conscious of the fact.

I think someone wrote that there were six thousand Al Qaeda related websites, uh, peddling violence, peddling[3] extremism[4], uh, trying to, uh, shock people one way or another into supporting extreme, extreme violence. And you have therefore, got to go out there[5] and counteract[6] that.

1) **to involve ... :**
「〜を関与させる、引き込む」。
2) **upfront:**
「最初からオープンな」。
3) **peddle:**
「言い歩く、(少しずつ)広めていく」。
4) **extremism:**
「過激主義」。
5) **got to go out there:**
「打って出る」。ここでは、「対応策を講じる」くらいの意味。
6) **counteract:**
「(何らかの問題、事件に対して)対応策を取る」。

PART 1　Chapter II　課題を決めるのは誰か？
ゴードン・ブラウン

> **POINT**
> ## The nature of the change is that people are getting information
> （変革の本質は、人々が情報を入手しているということです）
>
> 　情報が一部の特権階級（エリート層）だけでなく、人民に広まったときこそ、一部の者だけがリーダーシップを持ち得る、と規定するのは難しくなります。今のような時代、ウェブサイトも簡単に立ち上げられるので、自分からの情報発信も容易になりました。逆に言えば、よほど自分にしっかりした方針がないと、どんどん情報に流されて溺れることになると暗示されているのかもしれません。

🧑‍🦰　今は国民が自分で情報を得られる時代になったことを政治家は意識しなければならないと訴えていますね。

👨　どうせ情報は伝わるのだから、最初からガラス張りにして国民も交えて議論すべきとし、一方で、有害な情報については取り締まり強化が必要ということですね。

🧑‍🦰　先ほどから decisions と people という単語を繰り返し使っていますね。

👨　歌のサビの部分じゃないですけど、ブラウン氏の発言のコアとなる単語ですね。聴衆の脳裏にしっかり叩き込もうというわけです。

【訳】
ゴードン・ブラウン：
　国民を意思決定の場に引き込まなければなりません。大々的に開かれた議論を最初から国民とすべきですし、同時代の大きな課題については、ときにはグローバル・レベルで議論すべきだと思います。これは、人々を実際に意思決定に参加させ、正しい決定を下すとしたらのことです。

　今後、変わっていくとは思いますが、政治の面ではまだ変わってはいないのです。

　変革の本質は何かというと、それは、人々が情報を手に入れつつあるということです。中東問題に関するかぎり、ずっとそうです。その事実は認識しておかなければなりません。

　誰かが書いていましたが、アルカイダ関連のウェブサイトは６千件あり、暴力や過激主義を広め、人々にあの手この手でショックを与え、過激な暴力を支持するよう仕向けているというのです。だからこそ、こちらも対応策をとって、その計画を防がなければならないのです。

Section 3 CD_12
政治家は正面から市民と向き合って説得しなければならない

Gordon Brown:

You cannot say we- we're gonna practice, uh, secret [1], uh, behind closed doors [2], uh, discussions anymore. You've gotta go out and put your view. And the failure of politics at the moment is that we haven't woken up to the fact that with all the citizen power, with all the consumer power, and with all the audience power, you have got to go out and persuade people.

What, what we've been discussing this morning, we're responding really, uh, to the rising aspirations [3] of people expressed in new ways in multimedia sort of, uh, forums. And I think the whole of the political and decision-making system has got to be better- better at doing so.

Churchill used to say that, **"Those who tried to build the present in the image of the past [4] missed out [5] entirely on the challenges [6] of the future."**

1) **practice secret:**
「秘密を守る」。

2) **behind closed doors:**
「密室で、非公開で」。

3) **aspirations:**
「希望」。

4) **the image of the past:**
「過去の姿」。image は「イメージ」というよりも「姿」。God made man in his own image. とは聖書に出てくる有名な句で、「神は自分の姿に似せて人間を作った」の意味。

5) **miss out:**
「逃す」。

6) **challenges:**
「課題」。

PART 1　Chapter II　課題を決めるのは誰か？

ゴードン・ブラウン

> **POINT**
>
> **"Those who tried to build the present in the image of the past missed out entirely on the challenges of the future."**
> (「過去の姿のままに現在を構築しようとした者は、未来の課題に取り組む機会を完全に逸してしまった」)
>
> 「変化を恐れるな」あるいは「時代とともに変化できない人間は、過去の成功や記憶にすがって生きるしかない」という意味です。過去の記憶にとらわれるあまりにその延長線上で現在をとらえたい、という誘惑にかられる者は、将来に立ち向かっていくことはできない、という警句です。

🙍‍♀️ 政治の意思決定の過程で国民の関与が必要だということを、people、decision を使いながら、今度は違う文章で繰り返しています。

🙍‍♂️ 同じ事を違う表現で言い換えるというのは、政治家がよく使うレトリックのひとつですね。ちょっとクドイぐらいですね。

🙍‍♀️ まあ、そうですね。でも、これだけ何度も言われれば聴衆も忘れないでしょう。チャーチルの引用(quotation)を持ってくるところも憎いですね。

🙍‍♂️ 偉大な人物の引用はよく用いられる手法。しかも、チャーチルはブランド力抜群ですから、決め台詞としては申し分ないですね。

【訳】
ゴードン・ブラウン：
　非公開で密談をしようなどと、もう言ってはなりません。公の場で自分の考えを述べなければならないのです。現在の政治の誤りは、われわれ政治家が、市民の力、消費者の力、聴衆の力に対して、正面から向き合って人々を説得しなければならないという事実に目覚めていないことにあります。

　今朝から議論していることは、マルチメディアといった新たな手法のフォーラムに寄せられた、人々の高まりつつある期待に、われわれ政治家が実際に答えつつあるということです。そうすることで、政治決定システム全体が改善されなければならないと思います。

　チャーチル首相は、かつて、こう言っていました。「過去の姿のままに現在を構築しようとした者は、未来の課題に取り組む機会を完全に逸してしまった」と。

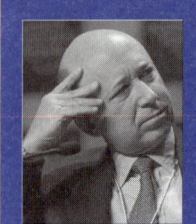

Section 4　CD_13
恵まれた立場にある会社には支払うべき代価がある

Lloyd C. Blankfein:
At the end of the day [1], regulated entities [2] like ourselves, and to some extent everyone's regulated either officially, or through the pre-, by the public through the press. Um, and, you know, **there's a price to pay for our privileged position** [3].

In the emerging worlds [4], it's very, very dramatic. You had formally command economies [5] now believing that the best decision making [6] is going to be made by the markets and going head long into [7] developing those market mechanisms, taking their companies public [8], attracting outside capital, and most importantly, having the decisions for how those — that capital is allocated being made by a market such that ten thousand decisions could be made in a day, instead of one decision being made at a time, by, uh, an official sector in a command situation. So it's a very, very dramatic re-, uh, changes.

1) **At the end of the day:**
「つまり、結局」。日中いろいろあっても、1日の終わりには、というニュアンス。スピーチやディスカッションで使われる。

2) **regulated entities:**
「規制された組織」。

3) **privileged position:**
「特権的立場」。

4) **emerging worlds:**
「新興勢力」。

5) **command economies:**
「統制経済」。

6) **decision making:**
「意思決定」。ここではdemocratization of the decision making process（意志決定プロセスの民主化）が必要だと説いている。

7) **go head long into … :**
「〜に向かっていく」。

8) **take the company public:**
「公開会社とする、上場させる」。going public は「公開（上場）すること」。

PART 1　Chapter II　　課題を決めるのは誰か？
ロイド・ブランクファイン

> **POINT**
>
> ## there's a price to pay for our privileged position.
> （われわれの恵まれた立場は、その代償を支払わねばならない）
>
> 　noblesse oblige（高貴な者の義務）という言葉がありますが、それを彷彿とさせるような表現です。このあたりがまた、いかにも「エリート」「選ばれし者」としての責任の持ち方なのだと思います。

- 文章にしてみるとひとつの文が長いですけど、同時通訳者の立場からすると、頭から訳していけるので、こういう文章は意外と楽なんですよ。
- なるほど、そうですか。たしかに、文章として読んでみると、どこで切ったらいいか迷っちゃいますけど、あまり文章の構造とかにこだわらないほうがよさそうですね。
- いろんなことを言ってはいますけど、下手に規制しようとせずに、市場の実勢に任せればいいんだ、という一語に尽きますね。
- 非常にアングロサクソン的な発想ですね。企業のM&Aに関しても、フランスなど欧州大陸では政府が基幹産業を守ろうとする保護主義的な動きがありますが、イギリス政府はあくまで市場の実勢に任せるという姿勢。何しろ外資大歓迎ですから。

【訳】
ロイド・ブランクファイン：
　結局は、われわれのような規制されている組織や、多かれ少なかれどんな企業でも、政府によって、あるいは報道を通して国民から規制されているものです。そして、ご存じの通り、わが社のような恵まれた立場にある会社は、その代価を支払わなければならないのです。

　新興諸国では、とても劇的なことが起きています。これまでは公に統制経済を敷いていたのが、今ではこう信じられているのです。つまり、最善の意思決定は市場によってなされるものであり、それはこうした市場メカニズムを発展させる方向で行われつつあるのだと。未上場企業を公開させ、外部資本をひきつける。そして、最も大切なのは、どのように資本が割り振られるかを市場に決定させることが一番だということです。すると、統制経済であれば、公的機関が一度にひとつのことを決定していたのが、市場では1日のうちに1万回もの決定がなされるようになるのです。これは、とても、非常に劇的な変化なのです。

Section 5

会社を誇りに思うということは、世の中にとってプラスになることを成し遂げるということ

Lloyd C. Blankfein:

The people that drove [1] us to have a, um, an environmental policy, the people that drove us to participate in this immunization [2] financing that we, uh, supported that Gordon Brown and his government, uh, drove, um, are really done [3].

Because the people of Goldman-Sachs, the people of other firms and financial services and in industry broadly need today to work for institutions and be associated with institutions that stand for something [4] in the world; **to be proud of an institution today means to be accomplishing something that's positive for the world and not that it just that makes money.**

1) **drive ... :**
「〜に駆り立てる」。

2) **immunization:**
「免疫」。

3) **be really done:**
「本当によくやった」(You are done!「完成だね！」)。

4) **stand for something:**
「ひとかどの人物である」。

Photo by World Economic Forum

PART 1 Chapter II　課題を決めるのは誰か？
ロイド・ブランクファイン

POINT

to be proud of an institution today means to be accomplishing something that's positive for the world and not that it just makes money.
（今日では、会社を誇りに思うということは、単に利益を追求することではなく、世の中にとってプラスになることを成し遂げているという意味なのです）

　会社にとってもなかなか厳しい時代になりました。利益をあげていさえすれば社会的貢献ができていた時代が終わり、いかに広く世間のための活動に取り組んでいるのかが問われる時代になりました。

👩 ブランクファインさん自身、社員から意見を聞きながら自分も社会問題に取り組んでいるとのことですが、会社の社会貢献の大切さを訴えていますね。

👨 ゴールドマン・サックスは、巨額のボーナスを支払ったことで話題になりましたから、単なる money machine でないことを強調したかったのでしょう。

👩 positive for the world という言いまわしが、ポジティブ志向のアメリカらしいですね。

👨 アメリカ人はポジティブ志向ですからね。アメリカ人がこの positive という言葉を聞くと、他の国民以上に positive に反応するんでしょうね。

👩 もうひとつ、アメリカ人が好きな言葉は forward です。アメリカ人のひとつの特徴、あるいはこれは国民性なのかもしれませんね。もともと過去を捨てて新大陸に来た人たちの子孫、ということもあるかもしれません。「過去よりも未来が大切」という視点が徹底していますし、過去を捨ててここに来たからこそ、「今あるものが最高、自分たちが獲得したものが最高」と信じて疑ってないところがありますね。

【訳】
ロイド・ブランクファイン：
　環境政策へと導いてくれた関係者、また、ゴードン・ブラウン氏とイギリス政府がイニシアティブを取り、ゴールドマン・サックスが支持した予防接種計画関連融資へ加わることを呼びかけた関係者たちは、本当に素晴らしいと思います。

　というのは、今日では、ゴールドマン・サックス社員や他の金融会社社員、そして金融業界の人々は、会社のために働くとともに、世界のために役立つ会社だと思ってもらう必要があるからです。つまり、会社を誇りに思うということは、単に利益を追求することではなく、世の中にとってプラスになることを成し遂げているという意味なのです。

トップの英語から学べるポイント

　ゴードン・ブラウンは、雄弁なスピーカーとの定評があり、そのスピーチは知性と自信を全面に押し出し、強気な内容のものが多いのが特長です。

　Section 2と3でも述べたように、peopleとdecisionという言葉を違う文章で繰り返し使うことによって、聞く人の頭にしっかりと刻みつけています。ともすると、「ボキャ貧」と思われるかもしれませんが、1つのテクニックとして有効です。つまり、
・**相手に伝えたいポイントとなるキーワードを決め、同じ内容を違うかたちで言い換えてみる（ただし、しつこくなりすぎないように）。**

　一方のロイド・ブランクファインの話し方は、明瞭ながらも、思いついたことをどんどん述べていくタイプなので、ひとつの文章が長いのが外国人には泣き所。こういう場合には次のようなことを心がけてみましょう。
・**長い文章は、全体の文章の構造などにはこだわらず、小刻みに切りながら意味を取っていく。**

・　**効果的な引用のしかた**
　ブラウン氏はチャーチルを引用してスピーチを締めくくっていますが、ご存じの通り、チャーチルには数々の名言があります。チャーチルはイギリス人のみならず、アメリカ人にも多く引用されます。
　ブラウン氏は「変化を起こさなくてはならない」と強調したかったのですが、その「お墨付き」にチャーチルの引用句を使うことにしました。こんなふうに、発言の決め手となる部分で、聞いている人たちも「あの人物もそう言ったのなら」と納得する人の一言をもってくるのは、上手な演出であり、アピールです。

PART 1 Chapter II　課題を決めるのは誰か？
ゴードン・ブラウン／ロイド・ブランクファイン

同時通訳者からのコメント
「人物像をつかむ」

　この章で出てきたふたりのスピーカーですが、ブラウンさんについては、地味な印象かと思いきや、なかなか堂々とした話しぶりでした。BBC の番組 Newsnight には、アメリカの NASDAQ をもじり（ゴードンという名前から）GorDaq という指数をつくって、「今日の GorDaq は昨日の何銭売り（ないし買い）」と揶揄するコーナーがあります。イギリス人のユーモアを感じますね。

　一方のブランクファインさんは、現在でこそ華々しい立場にいますが、実は苦学し、努力の末に現在の栄光をつかんだそうです。成功の後でこそ社会貢献が大事だという信念には、自らの経験が反映されていると思います。自分たちのやっていることが世の中のためになると信じて行動できるところが、アメリカ的な価値観として、この人にもうかがえます。

　人物像をつかむために、通訳者は会議の資料を勉強するのとあわせて、スピーカーの著作や「バイオ（biograohy）」と呼ばれる履歴に注意深く目を通すのですが、原稿付きスピーチ以外の部分での発言には、人となりが反映されるからです。

国際金融マンからのコメント
「具体的事例と統計数字」

　ブラウンさんの英語は、ローラ・タイソンと同じく発音が明瞭ですから聞き取りやすい部類に入るでしょう。とはいっても、理解するには抽象的な表現が多いので骨が折れます。Section 1 でアルカイダが出てきますが、ちょっと唐突感がありますね。次の Section 2 でアルカイダを支持するサイトが 6 千もあるという種明かしが出てきます。

　ここで注目したいのは、6 千という数字がもたらす効果です。中には、インターネットがこれだけ発達した時代にたったそれだけ？と思う人もいるかもしれませんが、そんなに多いのか、と驚くのが素直な反応と言えるでしょう。

　このように、自分の論旨を裏付ける材料として、相手が意外と思うような事例や統計数字があると、注意を惹き付けられるだけでなく、説得力が増すことは間違いありません。社外であれ社内であれ、どうやったら相手を説得できるかを工夫しましょう。

ボキャビル
～民主主義・民主制～

以下の政治や選挙に関する用語を習得しておきましょう。

separation of powers　三権分立
legislature　立法　executive　行政　judiciary　司法

parliamentary democracy　議会制民主主義
limited monarchy　立憲君主制
party in power/ruling party　与党 ⇔ party in opposition/opposition party　野党

election　選挙
majority vote　多数決
majority　過半数
general election　総選挙
local election　地方選挙
by-election　補欠選挙
referendum　国民投票
absentee voting　不在者投票
secret ballot　秘密投票
runoff　決戦投票
suffrage　選挙権
ballot box　投票箱
electoral fraud　選挙違反
proportional representation system　比例代表制

■米日英の議会
アメリカ：Congress / Capitol Hill
Senate / Upper House　上院
　⇔ House of Representatives / Lower House　下院
日本：Parliament / Diet　国会
House of Representatives　衆議院 ⇔ House of Councillors　参議院
イギリス：House of Lords　貴族院 ⇔ House of Commons　庶民院

第3章
貿易交渉の凍結、その進展の必要性

Frozen Trade Talks and the Need for Progress

Photo by World Economic Forum

ピーター・マンデルソン
（欧州委員会　通商担当委員）

Chapter III　　CD_15
貿易交渉の凍結、その進展の必要性
Frozen Trade Talks and the Need for Progress

Peter Mandelson — Commissioner for Trade, European Commission
ピーター・マンデルソン（欧州委員会　通商担当委員）

　このセッションでは、世界貿易自由化の進展にとって極めて重要といわれる多角的通商交渉についてのディスカッションを取り上げます。交渉内容自体はかなりテクニカルで専門的ですが、マンデルソン欧州委員会通商担当委員が交渉継続の必要性を訴える部分には、柔和な発言の中にもしっかりとした主張があることを感じ取ってください。

■ パネルディスカッションの背景

　ダボス会議に参加した多くの企業役員らが、WTO（World Trade Organization 世界貿易機関）多角的通商交渉の膠着は世界経済の成長を阻み、保護貿易主義に陥らせることになると警告する中、凍結したドーハラウンドを本格的に再開することで一致した。

　農産品の補助金・関税削減に加え、発展途上国における鉱工業品の関税引き下げもテーマになった。通商担当委員のマンデルソン氏は、「EUの農業関税の削減率を途上国提案である54％に近づける」と歩み寄りの姿勢をみせたが、日本やスイスなどの食糧輸入国は態度を保留。

　The stalled Doha Round negotiations have been given a new impetus.（「膠着したドーハラウンドは新たな原動力を得た」ラミーWTO事務局長）、Ministers inject fresh life into Doha talks（「大臣たち、ドーハ交渉に新たな息吹を与える」英 *FT* 紙）などと評されたものの、先行き不透明感は依然強い。

■ 多角的通商交渉（ドーハラウンド）とは

　世界貿易の自由化を促進するために1994年に設立されたWTO加盟国による通商交渉で、農産品、工業品の貿易自由化だけでなく、サービス、途上国問題、紛争処理などを幅広く扱う通商交渉全般のこと。

PART 1　Chapter III　貿易交渉の凍結、その進展の必要性
ピーター・マンデルソン

　2001年11月からカタールの首都ドーハで始まった一連の交渉を「ドーハラウンド(Doha Round)」と呼ぶ。農業自由化を巡る対立などから、最終合意期限(2005年1月1日)は延長されたものの、話し合いは2006年7月に凍結されたまま現在に至っている(2007年4月現在)。

　最大の論点は、① 米国の農業補助金削減　② 日欧の農業関税削減。各国・各経済共同体の利害が直接絡む分野だけに、合意に至るハードルは高い。

■ スピーカーのプロフィール

ピーター・マンデルソン Peter Mandelson
(1953-　イギリス)
欧州委員会　通商担当委員(2004-)：
Commissioner for Trade, European Commission

　オックスフォード大卒。97年、英国総選挙で選挙キャンペーン・マネージャーとして、労働党を勝利に導く。ブレア首相の腹心として貿易産業相を務めるが、金銭絡みのスキャンダルで辞任。その後、北アイルランド担当大臣として復帰を果たしたものの、インド人のイギリス市民権取得に絡むスキャンダルで再度辞任に追い込まれる。2004年に現職に再復帰。復帰後のスピーチでは、"I'm a fighter, not a quitter."(私は戦う、途中で投げ出したりはしない)と、国民の情感に訴え、"Comeback King" of the British politicsと評された。

Photo by World Economic Forum

＊欧州委員会(EC: European Commission)とは、欧州連合(EU)の機関のひとつで、EU基本条約に基づく決定が然るべく適用されるように図る機関。1加盟国より1人ずつ任命される計27人の委員で構成されている。委員は任務遂行にあたり、出身国政府の意向に左右されてはならず、EUの利益のためだけに行動することを義務づけられている。

■ 他のパネリスト

甘利明（経済産業大臣、日本）
セルソ・アモリム（外務大臣、ブラジル）
パスカル・ラミー（WTO事務局長、フランス）
ドリス・ロイタルト（経済大臣、スイス）
カマル・ナート（商工大臣、インド）

スーザン・シュワブ（通商代表、アメリカ）

＜司会＞
ジョン・K・デフテリオス
（FBCメディア副社長兼アンカー、イギリス）

Section 1 　CD_15

冗談はさておき……

Peter Mandelson:

Well John*, you know that Tony Blair is just one more Prime Minister from one of our member states in the European Union, he doesn't mean anything more or less [1] to me than that (Laughter). Um, he, um, he's entitled to his view (Laughter).

Seriously speaking, um, look, in the coming, what [2], two months or more or so, I think it'll be about two months all the negotiators that you see before you are going to have to arrive at a very, very difficult judgment, indeed, about whether we have negotiated as far as we can go to get enough on the table, uh, to cross that threshold [3] which is necessary, uh, for success to finish the round.

But I think the danger will be that as we go on, some will think that if we wait a bit longer and negotiate a bit further and demand a little bit more and wait for a little bit more of what we can extract [4] to bring home for our constituencies [5], that in a sense we are waiting for something better to come along.

* **John:**
本セッションの司会者、John K. Defterios のこと。

1) **not more or less:**
「それ以上でもそれ以下でもない」。more or less は「多かれ少なかれ」という意味で使われるが、ここでは not を伴い、「額面通り」という意味。

2) **what:**
「つまり、まあ」。この what は疑問詞としてというよりは、「そうねえ、2〜3カ月以内には……」という間を置くときの用法。

3) **threshold:**
「基準最小値」。何らかの条件を満たさなければならない最低限の値を指す。

4) **extract:**
「(条件などを)引き出す」。

5) **constituency:**
「(自分の所属する)選挙区」。

PART 1　Chapter III　貿易交渉の凍結、その進展の必要性
ピーター・マンデルソン

> **POINT**
>
> ## Seriously speaking, ... （冗談はさておき）
>
> 相手が疑念を持っているようなことに対して、真っ向からではなく、humor（ユーモア）やsarcasm（皮肉、風刺）を交えながら柔らかく否定するやり方は、イギリス人のお家芸ともいえるもの。そして、笑いを取ったあとに、Seriously (speaking), ...。これは、本題に入るときの決まり文句です。同様の表現に、putting the joke aside があります。セットで覚えておきましょう。

　いかにもインテリ層の話すイギリス英語という感じですね。

　そうですね。パブリックスクール（名門私立）、オックスブリッジの香りのする英語ですね。決してスピードは速くはないのですが、婉曲的な言いまわしが随所に出てきて、「もっとシンプルに言ってくれよ」って叫びたくなってしまう。

　ブレア首相との見解相違をつっこまれて、自分はイギリスではなくEUの利害を代表していることを、笑いを取りながら婉曲的に言っています。

　ブレア首相は英国に有利に物事が運ぶように腹心のマンデルソン氏を欧州委員会に送り込んでいると言われているのですが、さすがにワンチャンスを見逃さないですね。I am representing the EU, but not UK.と言わずに、やんわりと言っているところが上手い。序章で取り上げたブレア首相のスピーチの入り方と共通点がありますね。

【訳】
ピーター・マンデルソン：
　いいですか、ジョン。トニー・ブレアはEU加盟国の中のひとつの国のひとりの首相でしかないんですよ。私にとっては、それ以上でも、それ以下でもありません（笑）。彼にだって自分の見解を持つ権利はありますけど（笑）。

　冗談はさておき、今後2カ月くらいのうちに――私は約2カ月だと思いますが――皆さんの前にいらっしゃる交渉人全員が、実に非常に難しい判断に迫られることになります。それは、このラウンドを成功裏に終わらせるのに必要な数字に達するよう、関税削減率について十分な議論を重ねてきたかどうかということです。

　しかし、危険なのは、話を進めていく過程で、こういった考えを起こす人たちが出てくるだろうということです。つまり、交渉や要求を少し引き延ばして、自分の選挙区の手土産のためにもう少し何かを引き出すまで待ってみてはどうかとか、ある意味で何かよりよい条件のために待ってみてはどうかということですね。

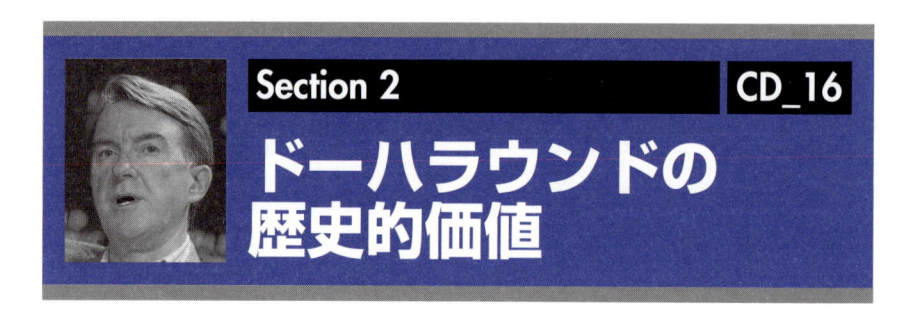

Section 2
ドーハラウンドの歴史的価値

Peter Mandelson:

That there will come a point where we feel that we reached the finishing point of this negotiation and if we push it any further, it won't be something better that comes along [1], but nothing at all. And in that sense, we are in great danger, could be in great danger, of falling into the classical trap of **making what's perfect the enemy of what's good**. I have no doubt at all that given what's on the table [2] already but also what I foresee [3], we will be able to add to the table in the coming month or more.

This round is already, uh, worth more than any previous multilateral [4] round in history. It's certainly, uh, by common consent [5], worth two-to-three times more than the previous Uruguay, uh, round, and therefore to, through some misstep [6], or miscalculation [7], or misjudgment, you know, allow what is in our grasp [8] to slip away would be a terrible accident, uh, to allow, uh, to happen.

1) **come along:**
ここでは「進歩する、よくなる」。

2) **on the table:**
「テーブルの上にある⇒協議可能な」。

3) **foresee:**
「見通す、予見する」。

4) **multilateral:**
「多国間の」。multi-は「複数の」の接頭辞。

5) **by common consent:**
「共通の (common) 合意 (consent) によって」。

6) **misstep:**
「手段 (step) を間違えること」。mis-は、「誤って、不利に、悪く」などの接頭辞。

7) **miscalculation:**
「計算を間違えること、誤算」。

8) **grasp:**
「得たもの」。ここでは、「これまで協議を重ねて合意を得たもの」を指す。

PART 1　Chapter III　貿易交渉の凍結、その進展の必要性

ピーター・マンデルソン

> **POINT**
>
> ## making what's perfect the enemy of what's good （完璧なものにしようとして、かえってよいものまで駄目にしてしまう）
>
> 　マンデルソン氏が「典型的な罠」と称する「完璧なものをよいものの敵にまわす」とはどういう意味でしょうか。これは、「完璧なものにしようとして、よいものを駄目にしてしまう」ということです。
> 　ズバリ切り込むのであれば、「誰もが満足するような完璧な合意を追求すると失敗する」とでも言えばいいでしょう。それを婉曲的に言うことで、攻撃的（aggressive）な言い方を避けているのですね。外国では何でもストレートにものを言えばいい、と勘違いしがちですが、こうした交渉の場面では、成熟した話し方が望ましいこともあります。

🧑‍🦰　まわりくどい言いまわしがエスカレートしてきましたね。こういう表現を外国語で聞いて瞬時に理解するというのは、ハードルが高いですね。

👨　そうですね。本来比喩というのは物事をわかりやすく砕くために用いるものでしょうけど……。対策としては、わかりにくい比喩は、前後から判断しようと努力するということでしょうか。

🧑‍🦰　同時通訳者泣かせですね、まったく。ところで、後半はよく聞くとかなり自信満々といった感じですね。ただ、強気なことでもあくまでも物腰は柔らかく、何気なくさらっと言ってのけていますね。

👨　こうしたディスカッションでは、あまり自信たっぷりのストレートな球を投げると、イギリスでは肩で風を切っているように聞こえてしまうのかもしれません。絶妙な言いまわしを尊ぶカルチャーとでも言うのでしょうか。婉曲的な言い方で核心を突くのが快感みたいなところがありますからね。

【訳】
ピーター・マンデルソン：
　われわれにとって、この交渉の最終的な着地点に到達したと感じるときが来るでしょう。もし、そこでそれ以上押し進めようとすれば、よりよいものになるどころか、何物も出来上がらないでしょう。その意味で、完璧なものにしようとして、かえってよいものまで駄目にしてしまうという典型的な罠にはまる大きな危険の中にいるというか、そういった可能性があるのです。これまでの交渉経緯と今後の見通しから判断すると、来月（2007年2月）以降、協議する材料が加わることは間違いありません。

　今回のドーハラウンドは、歴史的にみて、これまでのどの多国間交渉のラウンドよりもすでに価値のあるものになっています。前回のウルグアイ・ラウンドよりも、2倍から3倍の価値がたしかにあるというのが共通の認識です。したがって、手順や計算、判断を間違えて、手中にあるものを逃がすことがあるとすれば、恐ろしい事態を招くことになるでしょう。

Section 3　CD_17
ドーハラウンドの成功と失敗がもたらす未来

Peter Mandelson:
We would not only lose the enormous economic value and benefit of a successful outcome of this, uh, round. Something which most people accept is worth hundreds of billions [1] of dollars of trade and increased prosperity [2], uh, a year during the implementation [3] of this period, uh, of this round, should we finish it, uh, uh, uh, successfully [4].

But more- but equally important as the economic value from the round, in my view, is the systemic [5] consequences of failure, uh, of failing, uh, to put in place [6] a much needed insurance policy [7] that the global economy needs against increased protectionism [8] and isolationism [9], uh, in the world, which would have huge consequences for all of us, but particularly, uh, for the developing countries in this world.

1) **hundreds of billions:**
「何千億」。billionは10億なので、日本語もそれに合わせて考える。

2) **prosperity:**
「繁栄」。prosper「繁栄する」（動詞）、prosperous「繁栄した」（形容詞）。

3) **implementation:**
「導入、実施」。

4) **should we finish ...:**
「もしも……に終わるならば」。このshouldは仮定法ifと同じ用法。イギリスで好んで用いられる。

5) **systemic:**
「構造上の、システム上の」。

6) **put in place:**
「用意する、準備する」。

7) **insurance policy:**
「保険証券」。ここでは、特定の保険証券を指しているのではなく、世界経済が必要とする保険をこのように表現している。

8) **protectionism:**
「保護主義」。protect「保護する」。

9) **isolationism:**
「孤立主義」。isolate「孤立する」。

PART 1 Chapter III 貿易交渉の凍結、その進展の必要性

ピーター・マンデルソン

> **POINT**
>
> # But more- but equally important as the economic value from the round in my view, is ...
>
> (しかし、私の考えでは、このラウンドの経済効果以上に、あるいはそれと同様に重要なのは……)
>
> 　文章は長く、構造も引き続き複雑ながら、最後の締めにかけて言い方がストレートになってきました。変化球で追い込んでおいて、最後に直球勝負という感じです。
> ① 経済効果、② 貿易システムというふたつのポイントを、But more- but equally という言い方で、② に比重を置きながら効果的に表現しています。
> 　説得力を持たせるにはロジックが大切ということを、このマンデルソン節から学ぶことができるでしょう。

- 十分に地ならしをした上で、最後に率直な言い方に変化していますね。最後に、失敗したときのリスク、それも、おカネの問題とともに貿易のシステミック・リスクを喚起しているわけですね。
- 自国の利益に固執せずに短期間で着地点を見いだすべき⇒合意に至ると確信⇒物別れに終わったときの損害は計り知れない、という論法。何とか合意に持っていきたいという強い意思を、説得力をもって伝えています。
- 説得力をもたせるには、相手の理性（reason）に迫る手法と感情・情感（emotion）に迫る手法がありますが、これは経済フォーラムですから、理性に訴える手法を取っているわけですね。
- その通り。聴衆は民衆ではなく世界のリーダーやマスコミ。理性に訴えるにはどうしたらいいか、空気を読みながらうまく導いていますね。

【訳】
ピーター・マンデルソン：
　われわれは、このラウンドの成功による巨額の経済効果を失ってはなりません。もし成功裏に終わった場合、このラウンドの実行期間中、年に何千億ドル相当の貿易と、さらなる繁栄を大半の人々が享受できるのです。

　しかし、私の考えでは、このラウンドの経済効果以上に、あるいはそれと同様に重要なことがあります。それは、世界に増大する保護主義、孤立主義に対して、グローバル経済が是非とも必要とする保険を付与することに失敗した場合、貿易システムに与える結果だと思うのです。もし失敗すれば、それはわれわれすべてにとって、というよりも特に新興諸国に対して、甚大な影響を与えることになるでしょう。

トップの英語から学べるポイント

　ピーター・マンデルソンは、テレビ番組の元プロデューサーという経歴も手伝ってか、聴衆の心を読む術を熟知し、そのときの空気を読んで話法を変えると言われるスピーチ、ディベートの名手です。

・わかりにくい比喩は、前後から判断しようと努力する
　the classical trap of making what's perfect the enemy of what's good
　（典型的に陥る罠は、完璧なものにしようとしてかえってよいものまで駄目にしてしまうこと）
　初めの the classical trap というところまでは、「罠に例えて何かを言っている」と理解できますが、次の表現で「完璧なもの？　敵？」と考え始めると、もうほかのことが頭に入らなくなります。このように頭の中のリソース（資源）が奪われてしまうと、瞬時に理解することは中断せざるを得ません。こういうときこそ落ち着いて、頭から情報をひとつひとつ整理していくと意味がわかります。

　　　　　典型的に陥る罠→完璧なもの→敵→よいもの

　情報の順でいくと、陥りやすい罠とは、完璧を求めるあまり、何かを敵にまわしてしまうことがある、それは「よいもの」を敵にまわしてしまう、つまり、すでにいいところまでいっていても、さらに欲張って上を求めると、「完璧主義はかえって墓穴を掘る」と言いたいのだろうと推察できます。

・説得力のあるスピーチに仕立てるには、しっかりした論理構成が必要
　マンデルソン氏のスピーチは、オックスブリッジの格調高いものですが、文章が長いのを聞き落とさないようにする努力は必要なものの、論理展開がはっきりしているので、何が言いたいのかわからないということはありません。
　スピーチをする側になった場合に応用できますが、順番を大事にして論理を展開することが重要です。「先ほどの話に戻ります」というように前後した筋立てにせずに、ひとつひとつの物事の進行（progression）を尊重する、というのがコツとしてあげられます。特に、欧米では子供のころからディベートの訓練を積んでいるので、ビジネスの世界でも論理展開が明快です。一瞬、脇道に逸れているかのような印象を与えるような話でも、実は論旨の後ろ盾となって次につなげていく術を心得ています。
　逆に論理展開がはっきりしていないと突っ込まれます。会議などの席上で、思いつきで発言してしまったために猛攻撃を受けたという苦い経験は、国際ビジネスパーソンなら誰でも通る道なのかもしれません。

同時通訳者からのコメント
「論理展開をはっきりさせる」

　マンデルソン氏の英語は格調が高い上に、冒頭でブレア首相はEUのたかだか一国の首相に過ぎない、とユーモアたっぷりに語っていて余裕を感じさせます。イギリスのインテリらしい英語ですが、よく似たオックスブリッジの香りのする英語を、アメリカの公共テレビで放送された「世銀総裁スキャンダル」についての解説場面で聞きました。IMF・中央銀行総裁会議は、前アメリカ国防副長官だった世銀総裁のウォルフォウィッツ氏が、交際相手に格段の配慮をしたスキャンダルで大揺れでしたが、このニュースを解説するのに登場したフィナンシャル・タイムズ紙の人は論理展開が明快、口調も品のよいイギリス英語で、話の筋についていきやすいスピーカーの典型でした。一緒に通訳を担当した同僚と、「こういう人は通訳をしやすい」と意見が一致しました。聞き手にしっかりと伝わるようにするには、正しい発音も大事ですが、論理展開をはっきりさせるのが一番です。

国際金融マンからのコメント
「ユーモアの取り入れ方」

　この章では、ユーモアとかジョークについて考えてみましょう。

　拙著『基礎からの英語eメール仕事術』（コスモピア刊）では、原則はあくまでもビジネスライクなeメール、無理にユーモアを盛り込む必要はないと申し上げました。スピーチやディスカッションでは、ビジネスライクではいけませんが、ユーモアについては同じことが言えるでしょう。

　本来ユーモアというものは、自然発生的に出てくるべきもの。ブレア首相にしても、マンデルソン氏にしても、「この場面で一発かましてやろう」と入念に準備したわけではないでしょう。ましてや、われわれが外国語である英語で無理をすると、なかなか自然にはいかないものです。笑いを取ることを考えるよりは、むしろ話し方を工夫して明るいイメージを与えるなど、自分が聞き手に与える全体の印象について考えてみることをお勧めします。

ボキャビル
〜世界貿易〜

本章では、貿易関連のボキャブラリーの増強に取り組んでみましょう。

■ trade +〜
trade cycle　景気循環
trade negotiations　通商交渉
trade liberalization　貿易自由化
trade protectionism　保護貿易主義
　　⇔　trade liberalism　自由貿易主義
trade sanctions　貿易制裁（economic sanctions　経済制裁）
trade talks　通商交渉
TPA: Trade Promotion Authority　（米大統領が有する）貿易促進権限

なお、trade union（労働組合）は、アメリカ英語で言う labor union のイギリス英語に相当する言葉で、貿易とは無関係。

■その他
agricultural goods　農産品　⇔　industrial goods　工業製品
agricultural subsidies　農業助成金
tariff　関税
non-tariff barrier　非関税障壁
scale back（補助金などを）縮小する　⇔　increase　増やす
restart　再開する　⇔　suspend　一時中止する
progress　成長　⇔　backlash　後退
agreement　合意　⇔　division　分裂

第4章
変わりゆく力の均衡
The Shifting Power Equation

Photo by World Economic Forum 　　Photo by World Economic Forum

ネビル・イスデル
（ザ・コカ・コーラ・カンパニー会長兼CEO）
ジェームズ・シロー
（チューリッヒ・ファイナンシャル・サービシズCEO）

Chapter IV CD_18
変わりゆく力の均衡
The Shifting Power Equation

E. Neville Isdell — Chairman and Chief Executive Officer, The Coca-Cola Company
James J. Shiro — Group Chief Executive Officer and Chairman of the Group Management Board, Zurich Financial Services
ネビル・イスデル（ザ・コカ・コーラ・カンパニー会長兼CEO）
ジェームズ・シロー（チューリッヒ・ファイナンシャル・サービスCEO）

　この章では、今回のダボス会議のテーマそのものである「変わりゆく力の均衡」について、ドイツのメルケル首相の基調講演を受けて行われたディスカッションを取り上げます。香港、インドといった新興国のパネリストたちに対し、その追い上げを受けて立つ側とも言うべきパネリストふたりの視点をみてみましょう。グローバル化によって力の均衡点が移っていくことを、どのように考えているのでしょうか。

■ パネルディスカッションの背景

　インドと中国が急成長を遂げ、アジア経済が台頭したことにより、力の均衡に変化が起こっている。しかし、均衡の変化は単なる新興諸国の地殻変動に留まらない。ドイツのメルケル首相は基調講演で、ベルリンの壁が崩壊し、1997年から2005年までの電子メールの数が世界で215倍に膨らんでいるように、テクノロジーとコミュニケーション技術に変化が生じたことなどをあげ、世界が大きく変化してきていると述べた。また、中国とインドの人口は世界の3分の1を占めており、市場の面でも供給基地としての面でも、大変大きな機会を与えるものであると説いた。世界がますますフラット化していく中で、中国とインドはますます世界に台頭するとみられる。

　そのような中、自由、平和、豊かさといったグローバル化の恩恵をすべての人が享受するには、新しい力の均衡が求められており、グローバル経済の公正なルールが必要とされている。

■ スピーカーのプロフィール

ネビル・イスデル E. Neville Isdell (1943- アイルランド)
ザ・コカ・コーラ・カンパニー会長兼CEO：
Chairman and Chief Executive Officer, The Coca-Cola Company

　1966年、ザンビアにあるコカ・コーラのグループ会社勤務を振り出しに、南アフリカ支社長、オーストラリア管轄部長、フィリピン支社長、中欧部長、北東ヨーロッパ・アフリカ部長、英国支社長などを経て、2004年、社長に就任。販売会社のネットワークを約200カ国にまで広げ、炭酸以外の飲料市場への参入に注力している。50億ドルの現金を買収資金として使用し、食品などの分野への進出を目論んでいると言われる。

Photo by World Economic Forum

ジェームズ・シロー James J. Schiro (1946- アメリカ)
チューリッヒ・ファイナンシャル・サービスCEO：
Group Chief Executive Officer and Chairman of the Group Management Board, Zurich Financial Services

　ニューヨーク州セント・ジョーンズ大卒。プライスウォーターハウス会計事務所に長年勤務し、1995年、同事務所CEOに就任。1998年、合併の立役者として、世界最大のコンサルタントファーム、プライスウォーターハウスクーパーズを誕生させた。2002年、チューリッヒ・ファイナンシャル・サービスに移り、同年社長に。飲料会社のペプシコ役員、スイス・アメリカ商工会議所副会長を兼任。

Photo by World Economic Forum

■ 他のパネリスト

ミシェル・ガスリー（STARグループCEO、香港）
アンゲラ・メルケル（首相、ドイツ）
スニル・ブハルティ・ミタル
（ブハルティ・エンタープライズ会長、インド）
エリック・シュミット（天候不順の為、欠席）
（グーグル会長兼CEO、アメリカ）

＜司会＞
クラウス・シュワブ
（世界経済フォーラム（WEF）創設者）

Section 1 CD_18
グローバル経済がこれほど健全だったことはかつてなかった

Klaus Schwab:
What is your advice having listened to this agenda[1])? What do you feel the G-8, the European Union could do even more than what the Chancellor[2]) told us?

E. Neville Isdell:
If I start off by reflecting back to 1986, and it was in the European Management Forum[3]) at the time, um, it was a very different world, we were talking about Perestroika[4]). Um, and we've come through[5]) a number of very interesting and largely successful phases to be at a time of tremendous challenge and yet at a time when **the global economy has actually never been healthier**.

1) **having listened to this agenda?:**
「この課題を聞いてどう思いますか？」。「〜を聞いてどう思いますか？」という疑問文の形で、よく使われる構文。例：How do you think having heard the incident?（この事件を聞いてどう思いますか？）

2) **Chancellor:**
Chancellor といえばドイツなどの首相、Chancellor of the Exchequer といえば、イギリスの財務相を指す。

3) **European Management Forum:**
「ヨーロッパ経営者フォーラム」。世界経済フォーラム(WEF)の前身。

4) **Perestroika:**
「ペレストロイカ(旧ソ連の自由化運動)」。

5) **come through … :**
「〜を通り抜けてきた、切り抜けてきた」。

Photo by World Economic Forum

PART 1 Chapter IV 変わりゆく力の均衡
ネビル・イスデル

POINT

the global economy has actually never been healthier.
（グローバル経済がこれほど健全だったことはかつてなかった）

　否定形を使うと、一見、マイナスのことを言っているのかと思うかもしれませんが、そうではありません。実際には「これ以上ない好景気」という最大限の肯定です。このような表現を使うと意外な感じがして、「え？」と一瞬、聴衆が振り向いてこちらを注目する、そんな効果も期待できるかもしれません。

🧑 なんだかつい最近のことのように思えますが、ペレストロイカが大いに世界をにぎわしてから、もう20年以上たっているのですね。

👩 そうそう、ゴルバチョフさんはレーガン元大統領のベルリンの壁のスピーチにも登場していましたが、もう亡くなった方も少なからずいらっしゃるのですものね。

🧑 冷戦を終結させるにあたり、東側にしてみれば西側の経済力へのあこがれも大きかったのだと思います。強気の発言で西側に足元を見られないようにと東側はあがいていたところもあったと思いますが、実際のところは、ここのパッセージにもあるように、「かつてグローバル経済がこれほど健全だったことはない」ことを受けて東西融合が実現したんだと、今になると思えます。

👩 そのとおりですね。それに加えて、本書の第2部「Web2.0の影響」でも詳しく取り上げますが、情報が世界に伝達されていき、隠し事ができなくなったというのがなんといっても大きいでしょう。

【訳】
クラウス・シュワブ：
　このセッションのテーマを聞いて、皆さんはどんなアドバイスをなさいますか？　メルケル首相が話されたこと以外に、主要国やEUは何ができるでしょうか？　では、どうぞ。

ネビル・イスデル：
　このダボス会議が「ヨーロッパ経営者フォーラム」と呼ばれていた1986年当時を振り返って考えてみましょう。今とはまったく世界が異なり、ペレストロイカの話題で持ちきりでした。私たちは大きな課題を抱えた時代に、大変興味深く、大いに成功を収めた局面をいくつも乗り越えてきましたが、実はこの時期を通じて、グローバル経済がこれほど健全だったことは、かつてなかったのです。

Section 2　CD_19
われわれには「明るい話」をし続ける義務がある

E. Neville Isdell:

And yet there's a- there's a dichotomy[1] in this which I think threatens and undermines the process that the Chancellor was talking about, uh, in terms of the values of globalization, and as we look at addressing the imbalances, the uncertainties and insecurities that are present in many parts of the world, which I think threaten the process of globalization, which threaten the very process that created the growth[2] that we are enjoying today.

Uh, I think that there is a very real danger[3] that some societies are going to look inward. Some societies are going to put up barriers, the barriers that you talked against. And that we have an obligation to really tell what, I would simply call[4], **'The Good Story'**[5]**: the good story of how value is added** but also of how so many people have been brought out of poverty by the growth that we have seen particularly over the last ten years.

1) **dichotomy:**
「二分法」の意味だが、ここでは、ふたつに「分裂」すること、「二極化」をさす。

2) **the very process that created the growth:**
the very は強調。成長を作り出したプロセス「そのもの」。

3) **a very real danger:**
直訳すれば「本物の危険」だが、「まさに危険な傾向」と実際に危険な傾向になっていることを言いたい。

4) **I would simply call:**
ここでは、「自分の考えでそういう名前で呼びましょう」と言いたいだけで、simply と言っても、「単純に」「単に」という意味ではない。

5) **'The Good Story':**
「耳障りのいい話」としてもいいが、「聞いて明るい気持ちになるような話」ということ。この場合、グローバル化のよい側面のこと。

PART 1　Chapter IV　変わりゆく力の均衡
ネビル・イスデル

POINT

'The Good Story': the good story of how value is added （明るい話とは、いかに付加価値があるのかという話）

　政界、財界を問わず、リーダーの最も重要な仕事は、将来への期待感を高めることにあると言っても過言ではないと思います。グローバル化が機会をもたらすと同時に、先進国にとっては職の機会を新興国に取られてしまいかねず、その新興国ではかえって貧富の差が激しくなるなど功罪が指摘されています。ここでは、はっきりと「明るい面を見据えましょう」という提案がされています。

　ここでも説得材料に使われているのは経済的な豊かさですね。

　そうそう、やっぱり文字通り「背に腹は代えられない」というところでしょう。

　逆にいうと、経済的に安定すると、どうしても保守的になりがちという傾向がみられますね。

　その通りだと思います。「今日よりも明日のほうがよくなる」と信じられる間は成長を続けられるのですが、ある程度、衣食住が満たされると現状維持を大切にしがちなのです。

　大事なのは、これからも成長したいと思うような動機付けですね。

　それだけは間違いないです。語学学習でも能力や資質よりも、やろうという気持ちに駆り立てられるかが大切です。政治においては、こういう明るい展望が開けるのだからと将来像を描いてみせて、国民のやる気を駆り立てられるかどうか、それがリーダーの資質でしょう。

【訳】
ネビル・イスデル：
　そうは言っても、先ほどメルケル首相が指摘したように、グローバル化には二極分化が伴うために、そのプロセスには脅威を与える可能性があると思います。グローバル化の価値観を考え、また世界中の多くの場所で現前している不均衡、不確実性、不安といったグローバル化を脅かすもの、現在われわれが享受している成長を生んだプロセスそのものにとって、脅威となるものに対応する必要があります。

　一部の社会では、本当に危険な、内向きの傾向が現れてきていると思います。一部の社会は障壁を打ち立てています。先ほどから、あってはならないという意見が出ていた障壁です。われわれは、私が言うところの「明るい話」をし続けていくという義務を負っています。明るい話というのは、いかに付加価値があるのかということと、同時に、いかに多くの人が、とりわけ過去10年間に見られた成長によって貧困を脱しているのか、という物語のことです。

Section 3 CD_20
もっとも重要なのは課題を実行に移すこと

James J. Schiro:
Well this is, uh, you know, sometimes you get a chance of a lifetime, and when you hear a speech like that, and the laying out of an agenda and a challenge to everyone in a room like this, that is a chance of a lifetime [1]. To have and be in a position of leadership either in the government or a company, uh, or an NGO that can have and make a difference [2] at this point in time is truly an opportunity.

And I think what the Chancellor has laid out for us, is not just a list of things to do, but also some ways to get them done along the way [3]. When I look at this shifting power and the-she mentioned the impact of technology and how we have empowered [4] people on a global basis, customers, stakeholders of all types, employees, that is truly what is happening in this world today, and the awareness [5] of what is happening in the world today as a result of this technology. It's truly amazing, and that is probably what brings this challenge to the forefront. **The obligation [6], I think, of coming to Davos is to listen, learn, but most importantly when we go back, is to take this agenda and lead and execute as we leave.**

1) **chance of a lifetime:**
「一生に一度のチャンス」というよりは「人生において滅多にないチャンス、機会」の意味。

2) **make a difference:**
「違いをもたらす」。アメリカ人の好きな言葉。自分が何かをすることで、どれほどの違いを生み出せるのかと、個人の行動を肯定的にとらえる価値観と言っていいだろう。

3) **get them done along the way:**
「その過程で仕事を達成する」。やるべきことをやるなかで、自然とそれにひきつられて達成されてくるものもある、というニュアンス。

4) **empower:**
「エンパワーメント」とカタカナ語にもなっているが、「力を与える」「力づける」の意味。

5) **awareness:**
「意識をもつ」「意識している」ということだが、ここでは「認識している」という意味。世界で起きていることを「把握している」ということ。

6) **obligation:**
「義務」と自動的に訳語が出てきそうだが、ここでは「責任」「責務」という意味。

PART 1 Chapter IV 変わりゆく力の均衡
ジェームズ・シロー

> **POINT**
>
> ## The obligation of coming to Davos is to listen, learn but most importantly when we go back, is to lead and execute as we leave.
>
> （ダボスに来た者の責任とは、耳を傾け、学ぶことですが、最も重要なのは、持ち場に戻って指導力を発揮し実行に移すことです）
>
> 「ダボス会議に参加した者の義務とは、実行に移すことだ」と、シンプルな構文を用いながら、強力なメッセージを指導者に向けて発しています。

- リーダーたる者の責務とは何ぞやという雰囲気が色濃く漂ってきました。
- このあたりが WEF の WEF たるゆえんなのでしょう。ここに来たからには、ちゃんとやるべきことをやらねば、という決意表明ですね。
- それにしても、アメリカ人だからでしょうか、「生涯に滅多にない」とか「違いをもたらす」とか、いかに自分は機会に恵まれ傑出しているのか、という点のアピールがすごい。
- アメリカでの少女時代、印象的だったことのひとつが「一番である」ことのアピール。「アメリカで一番イコール世界で一番」という認識がとても強い。アメリカのような恵まれた国なのだから、他の国にも率先垂範をせねばという意識もとっても強い。ここがよくも悪くも「アメリカ的なるもの」だと、いつも思います。

【訳】
ジェームズ・シロー：
　これはまあ、なんというか、一生のうちでも滅多にないチャンスです。こういうスピーチを聞いたり、このような会場で、皆さんにテーマや課題が示されるということは、まさに滅多にない機会なのです。政界、財界を問わず、リーダーシップを発揮する立場にいる者、あるいは非政府組織（NGO）で指導力を発揮する立場にあって、違いをもたらすことができる者は、まさに千載一遇の機会を得ていると言えます。

　メルケル首相はわれわれにやるべきことのリストをただ提案したのではなく、どうやって実行していくかの道筋を示してくれたように思います。変わりゆく力を考える際に、テクノロジーがどう影響するかということに首相は触れました。いかにわれわれが、顧客、すべてのステークホルダー、従業員といった人々にグローバルに力を与えているのか、何が世界で現実に起きているのか、また、このテクノロジーによって、世界で何が起きているのか把握しているということについてです。本当に驚くべきことです。だからこそ、このテーマが前面に押し出されてきているのだと思います。ダボスに来た者の責任とは、耳を傾けること、学ぶことですが、最も重要なのは、自分の持ち場に戻ったときに、この課題を持ち帰って、指導力を発揮して実行に移すことなのです。

トップの英語から学べるポイント

・基本は1文に1項目

　ネビル・イスデル、ジェームズ・シロー、両氏ともに文章がとても長いです。活字にするのであれば、おそらくこういう話し方はしないでしょうけど、ディスカッション形式で意見を述べているときに起こりがちなことです。何か言い始めて、「あ、そういえば、これも話そう」と頭に浮かんだことを次々と付け足していくというパターンです（第2章のロイド・ブランクファインもそうでした）。

　このような話を聞く場合、テーマは何なのか、参加している各人の主張している立場の違いとともに、つねに頭の片隅に置いておきましょう。どんな人も、自分の主張をするときに、はっきりその人の立場の基本が「通奏低音」のように流れています。その「音」をつかめたらしめたものです。

　反対に、自分が発言する側になったときの教訓は、何を発言するのか、メモを作っておくということでしょう。ただし、文の流れを作ることと、ひとつひとつの文の長さのバランスには注意しましょう。流れがあれば話がわかりやすくなるとはいえ、ひとつの文に4つも5つも話題が盛り込まれていると、いったい何が焦点だったのか、話がぼやけてしまいます。そうなると、「言いたいことが過不足なく伝わるか」というパブリック・スピーキングの要に反することになってしまいます。そうならないためには、発言の骨子、キーワードないし項目を前もって書き出しておくことを、心がけるとよいでしょう。

Photo by World Economic Forum

Photo by World Economic Forum

PART 1　Chapter IV　変わりゆく力の均衡
ネビル・イスデル／ジェームズ・シロー

同時通訳者からのコメント
「重要なことを、まず先に言う」

　ディスカッションではよくあることですが、あとからあとから「あれも、これも」と付け足すスタイルになりがちです。あらかじめ用意をしてきて、話し手がひとりで行うスピーチとは違い、ディスカッションのいいところは、反応を聞いてさらに話を膨らませられることにあります。ですが、ディスカッションでうまく話がかみあって議論が発展するためには、その都度、ポイントが明確になっている必要があります。その際のコツは「結論、あるいは大事なところを先に言うこと」につきます。「結局、何が言いたいのか、わからない」と、日本人が相手に聞いてもらえない理由のひとつは、「起承転結」で書く習慣が身についていて、結論が最後にくるからです。大事なところが最後まで聞かないと出てこないのでは、スピーチでも途中で聞き手の関心がそれてしまいますし、ディスカッションでは他の人に先に重要ポイントを言われてしまいます。
　この章では、イスデルさん、シローさんともに文章は長いですが、言いたいポイントを、まず先に出している。この点を学びましょう。

国際金融マンからのコメント
「相手の発言に言及する」

　このセッションのパネリストの発言を聞いてみると、メルケル首相の発言に言及しています。最初に司会のクラウス・シュワブが、メルケル首相の発言内容の他に何ができるかという質問をしているので、当然といえば当然かもしれません。
　しかし、この質問のあるなしに関係なく、相手の発言を受けながら自分の意見を述べるという姿勢は、ディスカッションを円滑に進めていく上でとても大切です。本書でも第2部でのやりとりを体験していただくと、そのことがよりクリアにおわかりになると思います。
　ビジネスでも同じことが言えます。たとえ相手の発言に異議を唱える場合でも、まず相手の意見を頭から否定してはいけません。洋の東西を問わず、相手の発言を理解し、相手を尊重する姿勢を示すこと(showing respect)を忘れずに。

ボキャビル
〜マクロ経済〜

この章では、マクロ経済や労働市場にかかわる用語をまとめてみました。

emerging market 新興市場 ⇔ developed market 成熟した市場
investment 投資 ⇔ savings 貯蓄
recession 不景気 ⇔ economic boom 好景気
economic growth 経済成長 ⇔ economic decline 経済縮小
(economic) expansion 拡大 ⇔ contraction 収縮
export-led economies 輸出型経済
demographic changes 人口構成の変化
productivity 生産性
labor force 労働力
labor cost 賃金
skilled labor 熟練した労働力

stimulate/fuel growth 成長を促す
　⇔ dampen/undermine growth 成長を阻害する、妨げる
strengthen 強くなる ⇔ weaken 弱まる
boom 好況である、急成長する ⇔ bust（好況・急成長が）崩れる
bottom out 最悪期を脱する ⇔ peak out 天井を打つ
slow down 減速する ⇔ accelerate 加速する
resilient 抵抗力のある ⇔ fragile 脆い

第5章
グローバル化への ビジネス・マニフェスト

A Business Manifesto for Globalization

Photo by World Economic Forum  Photo by World Economic Forum  Photo by World Economic Forum

イアン・デイビス
（マッキンゼー・アンド・カンパニー　マネージング・ディレクター）

ジェームズ・ダイモン
（JPモルガン・チェース銀行会長兼CEO）

ジョセフ・スティグリッツ
（コロンビア大学教授）

Chapter V CD_21
グローバル化への ビジネス・マニフェスト
A Business Manifesto for Globalization

Ian E. L. Davis
— Managing Director, Worldwide, McKinsey & Company
James Dimon
— Chairman and Chief Executive Officer, JP Morgan Chase & Co.
Joseph E. Stiglitz — University Professor, Columbia University

イアン・デイビス（マッキンゼー・アンド・カンパニー　マネージング・ディレクター）
ジェームズ・ダイモン（JPモルガン・チェース銀行会長兼CEO）
ジョセフ・スティグリッツ（コロンビア大学教授）

この章では、世界のビジネス・リーダーたちによるパネルディスカッションの発言から、グローバル化に関する意見をじっくり学んでみたいと思います。

■ パネルディスカッションの背景

「グローバル化のためのビジネス宣言」と題されるセッション。「資本」「物」「サービス」の自由な移動による戦後の世界経済の融合は、貧困を減らし、富と繁栄を創出した。ところが、最近みられる保護主義や国益主義は、グローバル化を押し進める上で、ビジネス・リーダーの足かせとなっている。

本セッションでは、グローバル化とそのインパクト、グローバル市場の枠組み作りにおける政・財界の協力体制、その際に考慮すべき点などについて、おなじみのカルロス・ゴーン氏をはじめ、世界を牽引する大企業やコンサルタントのトップが熱っぽく語った。

本章で取り上げたパネリスト以外からは、次のような意見が寄せられた。

ユニリーバのセスコー氏は「グローバル化は守るべきものだが、もっと説明が必要だ。また、グローバル化から除外され、社会の底辺にいる40億人の求めるものに答えなければならない」と述べた。

ゴーン氏は「グローバル化の犠牲になった（と感じている）人はグローバル化とは何かがわかっているが、恩恵を受けているほとんどの人は知らない。グローバル化に反対している人たちの気持ちを変えるのに十分な説明をしていない」と語った。

PART 1 Chapter V グローバル化へのビジネス・マニフェスト
イアン・デイビス／ジェームズ・ダイモン／ジョセフ・スティグリッツ

　ジェームズ・シロー氏は、「新興諸国では10億人の生活レベルがアップしたといったグローバル化の恩恵については、ほとんど認識されていない」と語った。

■ スピーカーのプロフィール

イアン・デイビス Ian E. L. Davis（1952-　イギリス）
マッキンゼー・アンド・カンパニー マネージング・ディレクター：
Managing Director, Worldwide, McKinsey & Company
　ケント州生まれ。オックスフォード大卒（政治学、経済学、哲学）。製紙会社勤務を経て、1979年、マッキンゼーに入社。1996年、ロンドン支社長、2003年より社長。専門分野は消費者・リテール業界。趣味はクリケット、ラグビー、テニスなどのスポーツ、オペラ鑑賞。

Photo by World Economic Forum

ジェームズ・ダイモン James Dimon（1956-　アメリカ）
JPモルガン・チェース銀行会長兼CEO：
Chairman and Chief Executive Officer, JP Morgan Chase & Co.
　ハーバードビジネススクール修了（MBA）。2006年より現職。アメリカン・エキスプレス、シティバンクなどを経て、2000年、当時アメリカで資産規模第5位のバンク・ワン社長に就任。2004年よりJPモルガン。

Photo by World Economic Forum

ジョセフ・E・スティグリッツ Joseph E. Stiglitz（1943-　アメリカ）
コロンビア大学教授：University Professor, Columbia University
　マサチューセッツ工科大学（MIT）博士課程修了。イェール、プリンストン、オックスフォードなど、数々の大学で教鞭を取るほか、世界銀行の副総裁、政府機関の経済アドバイザーなどを歴任。2001年、ノーベル経済学賞受賞。世界有数のエコノミスト。

Photo by World Economic Forum

＜司会＞
ジョン・ミクルスウェイト John Micklethwait（1962-　イギリス）
『エコノミスト』誌編集長：Editor-in-Chief of *The Economist*
　オックスフォード大学卒業後、チェース・マンハッタン銀行を経て、1987年、『エコノミスト』誌入社。海外駐在経験も豊富で、著書も多数。2006年、同誌編集長に。『エコノミスト』誌は、100万部以上の発行部数を誇り、過半数が海外で購読されているインテリ経済誌。

■ 他のパネリスト

パトリック・セスコー（ユニリーバCEO、フランス）
カルロス・ゴーン（ルノー会長兼CEO、日産自動車CEO、レバノン）
ジェームズ・シロー（チューリッヒ・ファイナンシャル・サービシズCEO、アメリカ）

Section 1　CD_21
われわれの大半はグローバル化の恩恵に預かってきた

John Micklethwait:
The main, sort of agreements I wanted to go in under[1] we first that globalization has generally been a force for good. Secondly, that it's generally unpopular. And thirdly, that business and politicians have done a bad job at trying to sell it. And so with those sort of preambles[2], hopefully we won't go too much into the debates about what exactly is good and bad about it.

And what I thought we could do is to ask each of the- the tycoons[3], so to speak for a couple of minutes – and I really want to stress, I'm going to be very tough[4] on the couple of minutes – to say, um, what ideas they have about this big concept of business trying to sell **globalization, a process from which we, or most of us, have all benefited**.

Ian E. L. Davis:
There are two things that, uh, business can do to put the case for globalization[5], and I think it's absolutely crucial[6] that they do – I sense a- a growing anti-globalization and protectionism tide.

1) **go in under:**
「(話題に)入る(＝get into)」。

2) **preamble:**
「前兆、前書き、前置き」。

3) **tycoon:**
「巨匠、大物」。

4) **tough:**
「厳しい」。ここでは、「時間が限られているので、ひとり数分という時間制限を厳しく課す」ということ。

5) **put the case for ... :**
「〜を擁護する」。

6) **crucial:**
「極めて重要な、決定的な」。critical、pivotalなどの同義語。

PART 1 Chapter V グローバル化へのビジネス・マニフェスト
イアン・デイビス

> **POINT**
>
> ## globalization, a process from which we, or most of us, have all benefited
> （われわれの大半が恩恵に預かってきたグローバル化）
>
> 「グローバル化」に「恩恵に預かってきた」という補足説明を加えて、議論の前提を示しています。司会者は意見を述べる立場ではなく、聞く立場ですが、このように自分の意見をさりげなく盛り込むことができます。

- ジョン・ミクルスウェイトさんは長らくエコノミストの編集者を務めてきた経験からでしょうか、グローバル化はいいことだとはっきりと言っていますね。
- そう。しかし不人気である、特に企業に対して、何がグローバル化の恩恵なのかをしっかりと言ってこなかったのはよくないと指摘して、前置きとしています。
- このように、不安のある点を前提としてしっかりと指摘するという方法は大いに有効でしょう。アメリカでも、グローバル化を推進したがる人たちは「ダボス族」であって、一般国民とはかけはなれている、との見方もありますから、まずこのように問題をぶつけて議論を喚起しようというやり方ですね。

【訳】
ジョン・ミクルスウェイト：
　まず最初に取り上げたいのは、一般的に言って、グローバル化は原動力として、よい結果をもたらしているということです。2番目に、おおむね不人気です。そして3番目に、ビジネス界も政治家も、その売り込みに成功していないということです。こういった前提で討論に入りますが、この問題に関しては、何がよくて何が悪いのかという議論になるべく深入りし過ぎないようにしたいと思います。

　そして私にできることと言えば、ここにいらっしゃる大物実業家といわれる皆さんに質問することです。そこで、われわれの大半が恩恵に預かってきたグローバル化というこの大きなコンセプトの売り込みについて、皆さんがどのようなお考えをお持ちなのか、2、3分ずつ、時間厳守の上、お話しいただければと思います。

イアン・デイビス：
　ビジネス界がグローバル化を擁護するためにできることはふたつあります。そして、擁護することは絶対に重要なことだと思います。グローバル化反対、保護主義支持といった流れが強まりつつあるという感じが、私にはしています。

Section 2

ビジネス界はもっと積極的にコミュニケーションをとるべき

Ian E. L. Davis:

First, I think that **they can and must get on the front foot** [1] **in terms of communications**. Much of the communication from business around globalization is defensive, and I think that business can, should and must say what globalization has meant over the last ten and twenty years in terms of jobs, in terms of prices, and in terms of taxes paid.

The language is important: talking about GDP statistics, productivity and trade flows means nothing to the average person. I think business can explain, along with politicians, just what globalization has done for more jobs, lower prices, and greater tax intakes.[2] These are things that matter to citizens, so I think the terms of the debate have put business and economists on the back foot.[3]

1) **get on the front foot:**
「積極的になる」。

2) **tax intake:**
「税金を徴収すること」。intake は take in（取り込む）からイメージすると簡単。ここでは、政府がグローバル化した企業から税金をうまく取り込むことを指す。

3) **on the back foot:**
「消極的」。（⇔ on the front foot）

PART 1 Chapter V　グローバル化へのビジネス・マニフェスト

イアン・デイビス

> **POINT**
>
> ## they can and must get on the front foot in terms of communications.
> （コミュニケーションということに関して、ビジネス界は前向きの姿勢を取ることができるのですし、また取らなければなりません）
>
> 　助動詞 can と must をうまく使い、「できるし、そうしなければならない」ということを上手く説いています。続く文章では、can ⇒ should ⇒ must となっていますが、3つ並べるとちょっとクドイ気がしますね。

　いかにもインテリのイギリス人といったデイビスさんの指摘。on the front foot と on the back foot という言い方もちょっと面白い。

　身体的な部位を使った表現は、ディスカッションでもよく使いますね。get firsthand knowledge「現場の知識を得る」、I am all ears.「しっかり聞いていますよ」、speak with one voice「意見を統一してください」なんていうのも使えそうです。

　たしかに。hand はよく使いますね。take one's hand「誰々を導く」、keep hands full「手いっぱい」、give someone hand「手を貸す」などはビジネスの場面やディスカッションでもよく出てくる言いまわしでしょう。ですが、この foot はちょっと新鮮でした。

【訳】
イアン・デイビス：
　まず、コミュニケーションということに関して、ビジネス界は前向きの姿勢を取ることができるのですし、また取らなければなりません。グローバル化をめぐるビジネス界からの情報発信はおおかた受身的です。過去10年から20年にわたり、雇用、物価、税金の支払いといった面で、グローバル化はどのような意味を持ったのか、ビジネス界はもっと発言できるし、すべきだし、しなければならないと思います。

　どういう言葉を用いるかが大切です。GDP統計、生産性、貿易の流れなどについて語っても普通の人には何の意味もありません。ビジネス界は政治家とともに、グローバル化が、雇用の増加、物価下落、税増収にどのような役割を果したのかを説明できると思います。これらは市民に関係した事柄です。ビジネス界やエコノミストは、用語のために議論に後ろ向きになってしまうのだと思うのです。

Section 3 CD_23
企業がもっと積極的に行動を起こしうる余地がある

Ian E. L. Davis:
I also think it's legitimate for business to also be more aggressive in dealing with the arguments of the anti-globalizers, some of which are legitimate.[1] If you are anti-globalization [2], what are the anti-globalizers going to do about the implications [3] for poverty? I think these questions need to be asked, and I think the communication can be stimulated greatly by business and with statistics that mean something. But I think words won't be enough. I think actions have to happen as well.

I think we all know that the anxiety around globalization is far greater than the reality. Survey after survey shows, particularly in the west, much less in the developing countries interestingly, it's important that globalization and anti-globalization doesn't just become a western thing.

I think everybody has to recognize the anxieties caused. If you're not at risk of losing your job, you know somebody who- who is, or you're reading about it. And I think **this is where business can be more active in terms of action**. I think hoping to mitigate [4] risk, hoping to mitigate risk that individual citizens, and sometimes countries is something where business can play a role.

1) **legitimate:**
「合法的な、筋道の通った」。

2) **anti-:**
「反対の（⇔ pro-「賛成の)」。

3) **implication:**
「(将来への)含み、含蓄、暗示」。詳しい用法は、第2部第3章、セクション2 (p.149)のポイント欄 So what's the implication for Nike? を参照。

4) **mitigate:**
「軽減する」。

PART 1　Chapter V　グローバル化へのビジネス・マニフェスト
イアン・デイビス

> **POINT**
>
> ## this is where business can be more active in terms of action.
> （そこに、ビジネスがもっと積極的に行動を起こしうる余地があると思うのです）
>
> This is where ... という表現は、場所だけでなく、論点や範囲をピンポイントで指すときによく使われます。ミーティングで話が脱線した後や元の話題に戻すときなども、Where were we?（何の話をしていたっけ？）などと使います。

- ここでデイビスさんのトークから学びたいのは、論点を明確に、順を追ってわかりやすく整理しているところです。スピーチでもそうですが、特に他の人からも意見を求めるディスカッションでは、自分がどういう立場から、どういう点を主張したいのかが大事です。
- 議論を活発にできるかどうか、ひとつにはいかに刺激的で、他の人に意見を言いたくなるようなかたちで自分の主張を述べるかがポイントですから、グローバル化擁護派の面目躍如といったところでしょうか。
- 議論がかみ合わないと、そのまま、意見を言い合って終わりになってしまいます。どこが自分の核心だと思う点なのか、ここで取り上げたポイントの文章のように、This is where ... と明らかにしておくのがいいですね。

【訳】
イアン・デイビス：
　また、グローバル化反対派の主張には筋道の通ったものもありますが、それらの主張に対する議論を行なうにあたって、ビジネス界はもっとアグレッシブであってしかるべきだと思います。もしあなたが反対派だとしたら、貧困ということの意味合いにはどう取り組んでいくのでしょうか？　こういった質問を提起する必要があると思います。そして、ビジネス界が有意義な事実を示す統計を提示することで、コミュニケーションが大いに活性化する可能性があると思うのです。しかし、言葉だけでは十分ではありません。行動も伴わなければならないと思います。

　グローバル化に関しては、現実以上に不安のほうがはるかに大きいことは周知の事実だと思います。さまざまな調査が示すように、面白いことに新興諸国ではそれほどでもないのですが、特に欧米では重要なことがあります。それは、グローバル化や反グローバル化は欧米だけのものではないということです。

　不安が生じていることを皆が認識すべきだと思います。自分が仕事を失うリスクにさらされていなくても、誰かがそうであったり、そういうことを読んだりはするでしょう。そこに、企業がもっと積極的に行動を起こしうる余地があると思うのです。個々の市民、ときには国にはリスクを和らげたいという希望があるでしょうし、そこには企業が役割を果たしうることがあるのだろうと思うのです。

Section 4 CD_24
企業よりも人類のための配慮を優先している

James Dimon:

I mean, most of us care a- a lot about humanity [1] and actually put that much higher than our company (Yeah). And so, you know, I would look at something like the Doha Round [2] as critical [3] for the world. It's not criti-, it's not gonna make or break JP Morgan Chase [4] or how much money we're gonna make next quarter [5].

But I think a lot of American businesses are, and are starting to take a much more active role in trying to describe why we should do, in the United States, everything we can to get that round done. And, uh, so, I think you're gonna see a lot more CEO's taking- trying an active approach with the congressman [6] and the senators [7] and, um, you know, **hopefully it will help make it happen**.

1) **humanity:**
「人間性」という意味もあるが、ここでは「人類」。

2) **Doha Round:**
「ドーハラウンド」。貿易障壁を取り除くことを目標としてWTO（世界貿易機関）が主催した会議。2001年にカタールのドーハで閣僚級会合として始まったため、この名前で呼ばれている。（詳しくは第3章参照）

3) **critical:**
「批判的」という意味もあるが、ここでは「決定的に重要」の意味。

4) **JP Morgan Chase:**
ＪＰモルガン銀行が2000年にチェース・マンハッタン銀行と合併して誕生。

5) **next quarter:**
「次の四半期」。アメリカの場合、通常、四半期決算。四半期ごとに最高経営責任者の力量が厳しく評価されるため、「次の四半期」の業績は死活問題。

6) **congressman:**
アメリカの「下院議員」。

7) **senator:**
アメリカの「上院議員」。

PART 1　Chapter V グローバル化へのビジネス・マニフェスト
ジェームズ・ダイモン

> **POINT**
>
> ## hopefully, it will help make it happen.
> （願わくば実現させようと思っています）
>
> 　make it happen は「実現させる」ですが、希望のもとに前向きに、一歩ずつでも前進、の雰囲気がよく出ています。しかも、経営者などが多くの努力を払っていることを it で受けて「それにより実現される一助となるのを願う」とぼかしています。
> 　よく日本語は「ナル」言語、英語は「スル」言語と言われ、それぞれ受動態、能動態を好むとされるのですが、英語でもこんなぼかした表現はあります。

👩 ここは、なんだか私がいつも言っている「超基本単語でかなりのことがいえる」を実証しているようなトークです。make / take / get、この3つがビジネスの話でも、とてもよく使われるというのがわかります。

👨 make or break（のるかそるか、イチかバチか）、make money（お金を稼ぐ）、take an active role（積極的立場をとる）、get that round done（このラウンドを成功させる）ですね。

👩 そのような基本単語を使って「アメリカ企業の経営者の多くが、世界にとって何がいいことなのか配慮しているのだ」、「アメリカは自国のみの利益に拘泥していないのだ」と力強く訴えています。

👨 企業の代表としてやって来てはいても、国やもっと大きく世界の問題を考えるべきだという論調をはっきり出しています。

【訳】
ジェームズ・ダイモン：
　私たちの大半は、人類について大いに気遣っていますし、実際に企業よりも人類のための配慮を優先しています。それにご存じのように、ドーハラウンドのようなものは世界にとって最重要事項であると考えています。JPモルガン・チェースの運命を左右するとか、我々が次の四半期にいくらお金を稼ぐかなんてことは最重要ではありません。

　ですが、多くのアメリカ企業が、これまでよりも積極的な立場を取り始めており、このラウンドを成功させるために、われわれができることは何でもやるべきだという理由を説明しようとしています。それにもっと多くの最高経営責任者が下院議員や上院議員に働きかけて、願わくば実現させようと思っています。

Section 5

世界にとっての問題を気にするべき

CD_25

John Micklethwait:
Hitherto- hitherto [1] that hasn't been the same kind of push [2] behind it as there was behind the Uruguay Round [3].

James Dimon:
Well I think the did, there are so many issues related to it that a lot of CEOs say that it barely affects their company and, you know, it might affect some heavily, and some are gonna be against it because they're protecting their company and, uh, you know, **I personally think that people should what's right for the country and the world before they just worry about completely partisan [4] issues.**

1) **hitherto:**
「これまでのところは」。

2) **push:**
「押す」が転じて、ここでは「熱意」の意味。イディオムで、when push comes to shove というと「いざとなったら」の意味。

3) **Uruguay Round:**
「ウルグアイラウンド」。世界貿易上の障壁をなくし、貿易の自由化や多角的貿易を促進するために行なわれた通商交渉。ウルグアイで1986年に開始宣言されたことからこの名がついた。

4) **partisan:**
序章のセクション4 (p.28) にも出てきたように、本来は「味方、同志、党派的」という意味だが、ここでは同じ企業の内部関係者を指し、「身内」の意味。

PART 1　Chapter V　グローバル化へのビジネス・マニフェスト
ジェームズ・ダイモン

> **POINT**
>
> **I personally think that people should (do) what's right for the country and the world before they just worry about completely partisan issues.**
> (身内のことよりも、まず国にとって、あるいは世界にとっての問題を気にすべきだと思います)
>
> 　このように述語動詞が抜けていることは、話し言葉だと起こりえます。ネイティブスピーカーだから常に文法的に間違いのない話し方をする、破綻した文章は話さない、ということはありません。日本語で考えてみるとわかると思いますが、母国語の場合は自然と抜けている語を補って聞いているので、抜けていても気になりません。

- どちらかというと、ドーハラウンドはかけ声倒れの印象をもっていたのですが、それが裏付けされた感じです。
- 自分に影響がなかったらやらないという態度はよくない、と言っているということは、そういう企業もたくさんあるからでしょう。
- まさにそうです。なので、ちょっとここは言い訳がましく響かなくもないのですが。
- そうは言っても、世界や国のことを最初に考えるべき、と言い切れるのはさすが。

【訳】
ジョン・ミクルスウェイト：
　今までのところは、ウルグアイラウンドのときのような熱意が感じられません。

ジェームズ・ダイモン：
　これに関しては実にたくさんの問題があって、最高経営責任者の多くは、自分の会社にはほとんど影響がないとしています。ですが、一部には大きな影響をこうむるところもあるでしょう。自分の会社を守ろうとする人の中には、ドーハラウンドに反対の人もいます。ですが、身内のことよりも、まず国にとって、あるいは世界にとっての問題を気にすべきだと思います。

Section 6
グローバル化における不公平さ

Joseph E. Stiglitz:
There have become **a few issues that have become very symbolic of both the inequities[1] and the fact that there are losers** – very visible losers – in globalization.

I think fairness is a-, is an important concept, uh, in- in-, uh, in this debate, and the two obvious examples, uh, picking up on- on- on these topics are access to generic medicines [2], uh, that part of the Uruguay Round was, it was more difficult to have access to generic medicines, uh, and in key diseases, life saving diseases [3], and that's become a- a very, uh, hot issue [4] in many developing countries.

1) **inequity:**
「不均衡、不公平」。

2) **generic medicine:**
「ジェネリック薬、後発医薬品」。すでに特許が切れたものを新興国で量産して安く仕上げている場合が多い。

3) **life saving diseases:**
life saving drugs「命を助けるような医薬品」の言い間違いと思われる。

4) **a very hot issue:**
「まさに争点になっている問題」。

PART 1 Chapter V　グローバル化へのビジネス・マニフェスト
ジョセフ・スティグリッツ

> **POINT**
>
> ## a few issues that have become very symbolic of both the inequities and the fact that there are losers.
> （グローバル化においてはっきりと敗者がいることを示すような、不公平性と事実を象徴的に表しているものも少なくないと思います）
>
> 結局は大国の主張の陰で犠牲になっている国があると示唆していますが、断定でなく、「いくつかのものがあるが」という間接的な和らげる言い方をしているのが特色。

- 他の人たちが「グローバル化はいいことだ」と、かなり手放しで楽観論を述べているのに対し、スティグリッツ氏ひとりが慎重な見方ですね。
- はい、具体的にどういう点で恵まれない立場の人たちがグローバル化に乗り遅れているのか、発展途上国で医学の進歩についていっていない医療の例を出しています。
- life saving disease（命を救う病気）はヘンですから、ここは life saving medicine（命を救う医薬品）の言い間違いでしょうね。
- そうですね。ここは、命を救うという部分に考えがいってしまって、発言しているうちに、こうなったのでしょう。先進国では一般薬として手に入る薬が途上国では経済事情により入手が難しい。経済が潤う部分と陰の部分があることの指摘です。

【訳】
ジョセフ・スティグリッツ：
　これほど、グローバル化において、はっきりと敗者がいることを示すような、不公平性と事実を象徴的に表しているものも少ないと思います。

　この議論において公平性は非常に重要な概念です。ふたつ、明白な例をあげるとすると、ウルグアイ・ラウンドでは一部に含まれていたジェネリック薬へのアクセス、また命を救うような治療法を得るというのが、発展途上国の多くでは肝心な点です。

Section 7
グローバル化の光と影

Joseph E. Stiglitz:
The other one is agriculture, that has come up already, and- and here the inequities are so strong, you know, twenty five thousand very well-off [1] American cotton farmers to divide three to four billion dollars a year, uh, driving down, and these are – and most of the money goes down to five thousand of that twenty five thousand – and it drives down the- the prices [2] of cotton of some ten million sub-Saharan cotton farmers, in India there's been a rash of suicides of cotton farmers, and while there are many factors, low-cotton prices caused in part by these subsidies [3] is part of the story [4].

So, this is part of the drama of globalization. Uh, part of, you might say, the poster child [5] for the opposition. **These are things that could be remedied fairly easily**, and- and yet, I think- and this is where I think the business community could hone in [6] and say, you know, there's no reason why, uh, this oughtta, you know, each of these cases a few people are benefiting at a cost, uh, to the business community as a whole, our economy as a whole and to an awful lot of people.

1) **well-off:**
   「けっこうな立場、身分」。
2) **drive down the prices:**
   「価格を押し下げる」。
3) **subsidies:**
   「助成金」。
4) **part of the story:**
   「物語の一部」。
5) **poster child:**
   「見本、シンボル」。
6) **hone in ... :**
   「焦点を合わせる、突き進む」。

PART 1　Chapter V　グローバル化へのビジネス・マニフェスト

ジョセフ・スティグリッツ

> **POINT**
>
> ## These are things that could be remedied fairly easily
> （こういうことは、比較的容易に対応ができると思います）
>
> 　ある程度これは決まり文句と言えるでしょう。こういう決まり文句の場合、前もって自分で「これが出てきたら言う」と決めておいた方がいいと思います。これも婉曲表現の一種です。

- 🧑 さらに具体例として、農業を取り上げています。経済の中で思いがけない連鎖がある指摘です。
- 👩 アメリカが綿花に助成金を出すと、綿花産出国の南アフリカとインドが困窮する。インドに住んでいたことがあるので、興味深く聞きました。グローバル化のドラマは思いがけない展開をみせる、まさにそのとおりです。
- 🧑 現実にはグローバル化は功罪相半ば、といったところでしょうか。ところで poster child という言い方は文字通り、ポスターを貼って情報を求めていた頃の名残りですね、きっと。
- 👩 あと、part of the drama of globalization（グローバル化というドラマの一部）ということですが、現実に目を向けると、本当に功罪が相半ばしているというところなんでしょうね。

【訳】
ジョセフ・スティグリッツ：
　もうひとつは、すでに出てきている農業の問題です。これには強く不公平性が目立ちます。2万5千人の非常に裕福なアメリカ人木綿農家は、毎年30億から40億ドルの助成金を受け取っています。このお金の大半は、その2万5千人のうちの5千人に渡るのですが、そのために、サハラ以南の1千万の木綿生産農家の価格を大きく押し下げてしまいます。この結果、インドでは最近、木綿農家に自殺者が相次いでいて、いくつも要因があるとはいえ、このような助成金による低価格の木綿が売り出されるようになったことも全体像の一部なのです。

　ですから、これがグローバル化のドラマの一部です。ここにいらっしゃる方の中には、まさに反対派にとっては格好の見本だと言う方もあるでしょう。こういうことは、比較的容易に対応ができると思います。しかし、同時にまさにこれこそ、ビジネス界が介入すべきことであり、財界あるいは経済全体の中で、あるいは大勢の人の中で、なぜ、ごく一部の人しか恩恵に浴していないのかということに理由などないのです。

トップの英語から学べるポイント

・論点をはっきり提示する

　司会のジョン・ミクルスウェイトは、発言時間を厳格に区切りますと冒頭でくぎを刺しています。パネルに登場する人たちは、ノーベル経済学者のジョン・スティグリッツをはじめ有名人ばかりですが、だからといって遠慮していては司会は務まりません。歯切れ良く、パネルで議論したい点をポイントは3つと呈示しているのも見事なお手並みです。

　イアン・デイビスも、ふたつのことについて述べるとしています。議論を戦わせる論点を、はっきり呈示するのは、その後でパネルがしっかりした議論を繰り広げる上で大切です。司会者と同じく、期待される役割を果たしています。このようにパネルにおける自分の発言の分担をしっかりと把握しておくのが、パネル全体を成功に導く上で大事です。

・よくしゃべる外国人スピーカーと対峙するには

　ジェームズ・ダイモン、ジョセフ・スティグリッツともに早口で、アメリカ英語でよくしゃべっているという感じです。典型的な考えながらしゃべっている文章で、途中で文が完結しないで終わっていたりするところもありますが、自然な発話ではよくあることです。こういうもので耳を鍛えるためには、その人が何を主張したいのか、伝えたいメッセージは何なのかを予測しながら聞くのが有効です。

　よくしゃべる外国人スピーカーと堂々と対峙しようとするときに、まず、相手の言葉の多さに負けてしまわないように、逆に**「少ない言葉でゆっくりしゃべって言いたいポイントを確実に伝える」**という戦略が有効だと思います。熱してくると大体アメリカ人はさらにしゃべる速度に拍車がかかってきます。そのペースに巻き込まれて圧倒されてしまうと、「自分の話したいことが、結局、言えなかった」というビジネスマンが少なくないようです。相手のペースがどうであれ、自分の言いたいことはしっかり言えるようにする、そのためには日頃からこのような速いトークで耳を鍛え、自分がいざ発言する段になったらそのペースに引きずられないような免疫をつけておくのがよいでしょう。

PART 1　Chapter V　グローバル化へのビジネス・マニフェスト
イアン・デイビス／ジェームズ・ダイモン／ジョセフ・スティグリッツ

同時通訳者からのコメント
「議論展開の範囲を明らかにする」

　第4章のまとめで指摘した「重要なことを先に言う」に加えて、ディスカッションでもうひとつ大事なのは、自分はどういう立場、どういう視点から、どういう土俵の上で議論を展開しているか、はっきりさせることです。ディベートのコツは、問題設定を明確に行えるかにあると言われるくらい、「この問題について、この部分で議論を挑む」と、まず、議論を戦わせる範囲を区切っておいた方が圧倒的に有利です。せっかくいいことを言っているのに、議論の範囲を明確にしておかなかったために、自分が想定しなかったような隙をつかれて反論され、分が悪くなってしまっては負けです。その点で、このセッションのミクルスウェイトさん、デイビスさんのイギリス勢ふたりともグローバル化のどの点について議論をするかをはっきりさせていて、聞き応えのある話し合いになっています。

国際金融マンからのコメント
「キーワードの効果的な使い方」

　この章では、発言するときのヒントを得る材料として、イアン・デイビスに注目してみましょう。本人が The language is important. と言っているだけあって、何気なく使っている言葉にも工夫が見られます。

　助動詞（can, should, must）のたたみかけに加え、front foot と back foot、words と action、anti- と pro-、defensive と active など、対の単語が効果的に使われています。

　また、Section 2 では jobs, prices, taxes paid という単語が、その後で more jobs, lower prices, greater tax intakes というかたちで再登場しています。globalization において、この3つの点はどうだったかと投げかけ、その答えを比較級で示しているわけです。

　プレゼンテーションやディスカッションでは、自分の主張のポイントとなるキーワードをうまくミックスすると効果的です。

ボキャビル
～損益計算書・貸借対照表～

本章では、企業財務の基本ともいえる損益計算書(P/L)、貸借対照表(B/S)の主な項目を覚えましょう。数字はいずれも仮のものです。

米 Income Statement / 英 Profit and Loss Statement（損益計算書）

① 米 Sales / 英 Turnover（売上高）	100
② Cost of sales（売上原価）	60
③ Gross profit（売上総利益）	40（①-②）
④ Operating expenses（販売費・一般管理費）	10
⑤ Operating income（営業利益）	30（③-④）
⑥ Other income/expenses（営業外利益・費用）	20（受取・支払利息等）
⑦ Recurring profit（経常利益）	50（⑤±⑥）
⑧ Extraordinary gains / losses（特別利益・損失）	-10
⑨ Income before tax（税引前利益）	40（⑦±⑧）
⑩ Tax（税金）	5
⑪ Net income（純利益）	35（⑨-⑩）

Balance Sheets（貸借対照表）

Current assets（流動資産）	200	Current liabilities（流動負債）	150
Fixed assets（固定資産）	100	Long-term liabilities（固定負債）	70
		Shareholders' equity（資本）	80
TOTAL（資産合計）	300	TOTAL（負債・資本合計）	300

左右の合計は一致（バランス）する。

第2部
Web 2.0の影響とソーシャルネットワークモデルの台頭

The Impact of Web 2.0 and Emerging Social Network Models

Photo by World Economic Forum

クリティカル・シンキングのすすめ

　序章でブレア首相のスピーチの組み立て方に習い、第1部では、アクティブ・リスニングのすすめを説くことで、各スピーカーの意見に耳を傾ける際のヒントを示しました。第2部では、活発なディスカッションのしくみをよりよく理解するために、クリティカル・シンキングをご紹介します。

　The ball is in your court.（次はあなたの番です）

　ディベートやディスカッションは互いにこう声をかけあいながら続いているのでは、という気がします。
　このThe ball is in your court. はスポーツ、特にテニスなどコートを使うスポーツから連想される表現ですね。ボールが自分のコートにあるときは自分が打つ番です。つまり、行動を起こす責任を負っているのです。そこから、「今度、決断を下す、行動を起こすのはあなたです」という意味になります。

　序章では、話の筋を作ってスピーチをする訓練、第1部では、相手の言っていることを聞き取る、絶対量を増やして自分で発話できるようになる準備をしましょうと言いました。次の課題は、いかに内容があることを論理的に、相手の言葉に応えるかたちで話すかです。

　ディベートやディスカッションはまさにコミュニケーション能力が問われる場面ですが、うまくコミュニケーションができるかどうかは語学力のレベルだけでは決まりません。どうも、日本人の場合、残念ながら学校教育で「論理的に話す」という教育を十分に受けていないのではという気がします。徐々に小学校の段階で、国語の時間に議論をするという学習も取り入れられているとの話も聞きますが、今の大学生くらいまでは十分にその訓練を受けていないようです。スピーチコンテストの指導をしていると、そもそも日本語で論理的に話すように練習をしていないために、外国語でとたんに論理的に話すことができるわけもなく、結果的に外国語能力があっても相手に通じないという光景を目の当たりにすることがあります。また、日本語で発言するときと外国語で発言するときの思考の進め方は違うのではないか、と日米両方の教育を半分ずつ受けた身としては思います。

アメリカのビジネス・スクールでは、いかに授業に貢献したかという class contribution が重要視され、授業の中で積極的に自分の意見を言うことが求められます。さらにアメリカの大学院の授業では、課題として与えられた膨大な量のテキストを読んだ上で、small group discussion として授業外でグループに分かれて集まり、それぞれのグループの意見をまとめて授業に出るということも行われていました。

ここで個人的なことを申しますと、私は他のメンバーの出した意見について、否定意見はなかなか言えず、ついつい肯定的な意見ばかりを言うように努めていました。そうしたところ、グループの仲間に「それはアジア的な考え方よ、調和を求めているのでしょう」と指摘されました。

英語力については、日米それぞれの教育を小学校から大学院の間で半分ずつ受けていますし、英語を話すのも、日本語を話すのも問題なくできる。それにそれぞれの言語を話すときに、その言語ならではの表現の仕方も心得ている（例えば、英語であれば直接はっきり言うが、日本語であれば比喩を使ったりして直接表現は避ける、というように）と思っていただけに、そう指摘されて衝撃を受けましたが、考えてみたらそのとおりでした。また、これは私だけでなく、他の外国語に堪能な日本人にもあてはまることに気付きました。

ごく単純化して図示すると、次のようになります。

A:affirmative（肯定）／ R:refutation（論駁）

と、仮にしますと、日本人のディベートやディスカッションのときの意見の出し方は、

$$A \to A' \to A'' \to A'''$$

というように、相手の行っていることを否定せずに「それに肯定的な返答をまずして、少しずつプラス α をしていき、最後に統合をはかる」ことが多いのに対し、欧米人は

$$A \to R \to A' \to R' \to A'' \to R''$$

というように、「反対論を呈示されて、その都度修正をしていく」というスタイルが一般的なように思います。

欧米人の反論の仕方、これがまさにテニスコートでネットを挟んでボールを打ち合う光景に重なります。相手が打ってきたショットをどう返すか、その知恵の出し方が試されます。一方、日本人の場合は、一応、相手の意見を引き取って、それに改善・改良を加えるというのがよい議論の仕方だととられているように思います。

　ですが、アメリカの大学院に行ってアメリカ方式の洗礼を受けたとき、本来、日本なら優等生のはずの私は優等生ではありませんでした。相手の意見に、そうだ、そうだ、と改良を加えているだけではなく、「クリティカル・シンキング」、すなわち批判的に考えることをしていないと、何も考えていないかのように思われてしまいました。日本の優等生は即、アメリカの優等生ではないですし、アメリカの優等生は即、日本の優等生にはなりません。日本なら、しっかりと勉強をして知識力を問うテストに、そのまま解答として勉強した内容を無難にまとめることができたら、もうそれで立派な優等生です。アメリカでは、発言内容が必ずしも全部は立派な内容とは限らなくても、積極的に「自分はこう思う」という反論を提供できる人が評価されます。

　あざやかに脳裏に浮かぶ光景があります。アメリカで大統領選挙があったときのことです。小学校の校庭で、それを真似て自分が立候補すると名乗る子が即席演台に立ちます。すると、まわりから Speech, speech! と、声がかかります。すると、ちゃんとその子はスピーチをし、まわりからも質問が飛ぶのです。
　すでに英語がある程度わかるようになっていた私ですが、唖然として見守っていただけでした。今にして思うと、なるほど、こんな年齢からアメリカ人は自分が当事者だという主体者意識を持って話したり、反論したりする訓練をしていたのか、と思い当たります。

　手を加えて改良することが得意だといわれる日本人ですが、「相手のコートにしっかりとボールを打ち返す」訓練、反論をする訓練がディベートやディスカッションには大事です。第2部では、いろいろな「球の打ち返し方」をみていくことにしましょう。

参考文献：*Discover Debate*, Lubetsky, Michael., Lebeau, Charles., and Harrington, David (2000), Language Solutions
また、2007年2月7日、東京外国語大学における大妻女子大学ティモシー・ライト教授インタビュー（聞き手：鶴田知佳子）を参考にしています。

Photo by World Economic Forum

PART II　　　　　　　　　　　　　　　　　　　　**CD_28**

Web2.0の影響とソーシャル・ネットワーク・モデルの台頭

The Impact of Web 2.0 and Emerging Social Network Models

Bill Gates — Chairman, Microsoft Corporation
Chad Hurley — Co-Founder and Chief Executive Officer, YouTube
Caterina Fake — Founder, Flickr
Mark G. Parker — President and Chief Executive Officer, Nike
Viviane Reding — Commissioner for Information Society and Media, European Commission

ビル・ゲイツ（マイクロソフト会長）
チャド・ハーリー（ユーチューブ共同創業者兼CEO）
カテリーナ・フェイク（フリッカー創業者）
マーク・パーカー（ナイキ社長兼CEO）
ヴィヴィアン・レディング（欧州委員会　情報社会・メディア担当委員）

　第2部では、進化するネット社会による地殻変動とその将来像について、ビル・ゲイツ（マイクロソフト会長）、チャド・ハーリー（ユーチューブ社長）といったIT業界新旧の大物が参加したパネルディスカッションを取り上げます。会社哲学をトップがどう語るか、司会者の鋭い突っ込みをどうかわすか、それに対して周りがどう援護射撃をしていくのか、司会者が相手の発言を受けてどう話題を展開していくのか……さまざまなノウハウが散りばめられたディスカッションから、じっくり学んでいきましょう。

■ パネルディスカッションの背景

　Web 2.0とは、2004年、アメリカのメディア会社O'Reilly Media（オライリー・メディア）創業者のTim O'Reilly（ティム・オライリー）によって提唱された用語で、ネットユーザーが、share content and create networks in online public forums（オンライン上でコンテンツを公開してシェアし、ネットワークを創出すること）を指す。本セッションでは、Web 2.0の広まりが消費者およびIT・メディア業界の将来にどのような影響を与えるかについて話し合いが行われた。

■ パネルディスカッションの流れ

第1章　Web2.0とは何か？
まず、司会者がディスカッションの3つのポイント（Web2.0の定義、長期的意義、ビジネスとしての商機）を提示した上で、Web2.0を代表するユーチューブ社長のチャド・ハーリー、フリッカー創業者のカテリーナ・フェイクがそれぞれ持論を披露。

第2章　ビル・ゲイツ、今後の方向性を語る
司会者はビル・ゲイツに対し、将来の方向性を質問。ゲイツは、デジタル化時代のさらなる進展について熱弁を振るう。

第3章　ボトムアップ型の構造改革
司会者は、一見、Web2.0とは無関係と思われるナイキ社長や欧州委員会コミッショナーから外部の意見を引き出す。

第4章　Web2.0はバブルの再来なのか？
Web2.0の長期的意義および商機について、チャド・ハーリー、ビル・ゲイツの両氏に意見を求める。

第5章　知恵の集まり＝「集合知」の力
Web2.0時代における企業と個人との関わりについて、ナイキ社長のマーク・パーカーが、Web2.0以降の世界について、自説を展開。

以後、質疑応答に入る。

■ 司会者のプロフィール

Photo by World Economic Forum

ピーター・シュワルツ Peter Schwartz（1946-　）
グローバル・ビジネス・ネットワーク会長：Chairman, Global Business Netwrok
　米レンセラー工科大卒（航空宇宙工学専攻）。未来学者、企業経営戦略家。SRI（スタンフォード大学付属研究所）インターナショナルの戦略的環境センター所長、ロイヤル・ダッチ・シェルでビジネス環境、シナリオ・プランニング部門の責任者を務めた。軍事戦略を企業経営に応用し、1970年代の2度に渡るオイルショックの際には石油価格の暴落を予測し、ロイヤル・ダッチ・シェルを石油メジャーの上位企業へと導いた、1987年、コンサルティングファームのグローバル・ビジネス・ネットワーク（GBN）を設立。シナリオ分析の第一人者である。主な著書に『シナリオ・プランニングの技法』（垰本一雄・池田啓宏訳、東洋経済新報社）、『ロングブーム──来るべき繁栄の時代のビジョン』（ジョエル・ハイアット、ピーター・ライデン共著、小川京子訳、ニュートンプレス）などがある。

第1章
Web2.0 とは何か？

Photo by World Economic Forum

司会者は、まず、
① 定義：Web 2.0 とは何か？ 単なる流行語なのか、それとも何かすごいことが起こっているのか？
② 意義：長期的に見た場合、その意義は？ 情報伝達において構造改革とも言うべきものなのか？
③ 商機：ビジネスにとってそれは大きな商機なのか、それともいずれ終わりが来るのか？

という3つのテーマを提示します（Section 1）。
　司会者が上記の協議事項を提示し、この分野でのパイオニア的存在である2人の意見を聞いていきます。
　チャド・ハーレー（ユーチューブ社長）は、「Web2.0 の流れは市民の影響力を拡大させる」（Section 2）と説明、司会者の「自分でもビデオを撮ってオンラインでシェアするのか」という質問に対し、自分の経験を語ります。
　カテリーナ・フェイク（フリッカー社長）は、「人々のコミュニケーション手段は Web のルーツに回帰」しており、「インターネットはコミュニケーションにおける他人との結びつきという点で秀でている」（Section 4-5）と話します。

■ スピーカーのプロフィール

Photo by World Economic Forum

チャド・ハーリー　Chad Hurley (1977-　アメリカ)
ユーチューブ共同創業者兼CEO：Co-Founder and Chief Executive Officer, YouTube

　ペンシルバニア州立インディアナ大卒。eBay（イーベイ）のPayPal（ペイパル。オンラインによる決済サービス）開発に携わった後、2005年、同僚とともにユーチューブを設立。きっかけは、同年1月、ディナーパーティのビデオを遠くに住む友だちにオンライン上で見せようと思ってもうまくいかなかったことで、ウェブ上で誰でも簡単にビデオが見ることのできるサイトの開発に着手。その11カ月後には、ユーチューブを世に送り出し、爆発的なヒットとなった。2006年10月、ユーチューブをGoogle（グーグル）に16億5千万ドル（約2千億円）で売却して話題になった。

Section 1　CD_28
Web2.0に関する3つの疑問

Peter Schwartz:
So, what I've asked our panel to do is first of all, I'm gonna ask each of you to comment,

"What are we talking about? What is Web 2.0? Is this just another buzzword [1]? Or is there something real going on here?

If so, what's its long-term significance [2]? Is there something structural [3] and quite fundamental [4] going on? **Are we seeing a real structural revolution in the way in which people relate to institutions [5] and information?** And finally, is this really a big thing for business or are we heading for Bust [6] 2.0 as well?"

So, with that let me ask Chad Hurley to go first as one of the early pioneers.

1) **buzzword:**
「流行語、技術用語」。

2) **significance:**
「重要性」。

3) **structural:**
「構造上の」。(例 structural reform 構造改革)。

4) **fundamental:**
「根本的な」。

5) **institution:**
「制度」。

6) **bust:**
「崩壊」。

Photo by World Economic Forum

PART 2 Chapter 1　Web 2.0 とは何か？
ピーター・シュワルツ（司会）

> **POINT**
> ## Are we seeing a real structural revolution in the way in which people relate to institutions and information?
> （人々と、制度や情報の関係において、本当に構造的な革命が起きようとしているのでしょうか？）
>
> 　実際に「実態のある」改革になっているのか、というのが言いたいポイント。relate to は「関わる、関与する、介入する」という意味ですが、なかなか訳しにくい言葉です。また、「そう、その気持ちがわかります」と言いたいときにも使える言い方。例えば、I can relate to her story about the plane delay.（飛行機が遅れたという彼女の話、私にも経験があるわ）といった具合。

🧑‍🦰 まず、出だしの文章の検討から。What I've asked our panel to do is,…は、進行役がキックオフするときの決まり文句のひとつ。ミーティングの目的（情報を伝達する、意見を交換する、議論して結論を出す）を明確にし、論点を挙げてディスカッションの方向性を示していますね。

👨 日本の座談会とはちょっと違う入り方。座談会も、司会者や出席者は事前に論点を与えられていると思いますけど、少なくとも聞き手の方は、どんな展開になるんだろうなあ、と思って聞いていますよね。

🧑‍🦰 論点を明確にすることで、聞き手は心の準備ができますし、脇道に逸れた議論になりそうなときに、司会者も元に戻しやすい、最後に結論をまとめやすいといった利点がありますね。

👨 そもそも座談会というのは結論というものがなくて、聞き手サイドも、識者の意見がいろいろ聞けて面白かったということで満足するものなのかもしれませんね。

【訳】
ピーター・シュワルツ（司会）：
　さて、まずはパネリストの方々に、私がこれから述べる各質問にコメントしていただきたいと思います。

　Web2.0とは何なのでしょうか？　これもまた単なる流行語のひとつに過ぎないのでしょうか？　それとも、そこでは何かすごいことが起こっているのでしょうか？

　もしそうだとしたら、その長期的な意義は何でしょうか？　何か構造的で根本的なことが起こっているのでしょうか？　制度や情報と、われわれの関係において、本当に構造的な革命が起きようとしているのでしょうか？　最後に、これは大きなビジネスチャンスなのでしょうか？　それとも、バブル2.0の崩壊に向かっているのでしょうか？

　それでは、まず黎明期のパイオニアとしてチャド・ハーリーさんにコメントしてもらいましょう。

Section 2　CD_29
Web2.0の流れは市民の影響力を拡大させる

Chad Hurley:
Thank you, um, so web 2.0, um, definitely is a buzzword, and I think, uh, the it has been overused[1] but the, uh, movement itself is, uh, just getting started. And **that movement is just leveraging[2] the power of people**. Leveraging the power of a community, giving everyone a chance to participate, and that's the nature of the Internet so I think you're gonna see this trend continue.

And that's what we've done on our site. Not only allowed people to participate but also listen to them. Um, we started our service as a way for people to share video, and we- we thought there was a need because more and more people who have the access to digital cameras, cell phones that have video capabilities.

And, us coming from PayPal[3], thought there was gonna be a natural fit[4] for people to potentially use it on eBay[5]. Uh, but at the end of the day[6] we, we left our platform[7] open and allowed the users to kind of dictate[8] how we developed our service and that's helped us as a company grow.

1) **over use:**
「乱用」。

2) **leverage:**
「拡大させる」。「てこの原理」の意味もある。

3) **PayPal:**
インターネットを利用した決済サービス。親会社はeBay。下記注5)参照。

4) **be a natural fit:**
「自然な展開」。

5) **eBay:**
米国に本拠を置く世界最大のインターネットオークション会社。

6) **at the end of the day:**
「その日の終わりには⇒最終的には、結局は」。p.54 語注参照。

7) **platform:**
「プラットフォーム（コンピュータ用語）」。システムを構築していく基盤となる技術のこと。

8) **dictate:**
「決定権を持つ」。

PART 2　Chapter 1　Web 2.0 とは何か？
チャド・ハーリー

> **POINT**
>
> # That movement is just leveraging the power of people. （この流れは人の力を拡大させています）
>
> leverage は「てこ」ですから、「てこの原理」を考えると、人々の力が何倍にもなっていく、というニュアンスです。まさに、地殻変動が起こっていると言わんばかりの非常に力強いコメントですね。ここは、このあと Leveraging the power of a community, giving everyone a chance to participate...と ing 形でたたみかけるように話してリズムを作っていることにも注目。こういう勢いのあるしゃべり方が迫力を生みます。「話し言葉の力」ですね。

- まずは司会者の質問を受けて buzzword であるというところから入ってますね。
- 続けて、2番目のポイントに移り、チャドの哲学ともいえる一般市民の影響力が拡大することについて述べていますね。
- 利用者が participate するだけでなく、相手を listen し、利用者同士が share する、というくだりはなかなか説得力がありますね。そして最後に、プラットフォームを開放し、利用者に主導権を握らせることで会社が成長した、と3番目のポイントであるビジネスチャンスにつなげています。
- 実際に CD で音声を聞いてみると、散文的ですが、司会者の要望に的確に答えている。先頭バッターとして、ディスカッションの素地を作るいい答えですね。

【訳】
チャド・ハーリー：
　Web 2.0 というのは確かに流行語でしょうし、使われすぎた感がありますが、この流れ自体は始まったばかりです。この流れは人々の力を拡大させています。共同体の力を拡大させ、ひとりひとりに参加するチャンスを与えるのです。これはインターネットの本質的な部分ですから、この傾向は続くでしょう。

　われわれがユーチューブのサイトで行ったのは、まさにそうしたことです。単にみんなが参加できるようにしただけでなく、彼らの意見を聞くことを実現したのです。ビデオをシェアする手段としてのサービスを始めたわけですが、需要があると思っていました。ビデオ機能のついたデジタルカメラ、携帯電話にアクセスする人がどんどん増えていきましたから。

　われわれは元 PayPal 社員ですが、PayPal は eBay 利用者にとってまさにぴったりだろうと思いました。でも、われわれは結局、プラットフォームを公開したままにして、サービスの拡充についてはユーザーに一種の主導権を握ってもらうかたちにしました。このことは、会社が成長する上で大いに役立ちました。

Section 3　CD_30

「私の息子はまだ10億ドル稼いでいないんですよ」

Peter Schwartz:

Now, were you making videos yourself? Did you want to share them? **I gotta know–see my son has not made one billion** [1] **yet, so I gotta figure out** [2] **what the answer is here**.

Chad Hurley:

Yes, ye- yeah, it came out of our personal frustrations of- of just sharing videos with each other and, um, you know, just, we saw a need and it was a personal need for us. And also just the frustration of dealing with video online.

We, um, it wasn't easy to view video. You would have to choose the type of media player that you wanted to view the video in, there's different formats. We tried to remove those barriers by re-encoding [3] all the videos into a standard format that would play seamlessly [4] for them, our entire audience. And that's really helped us [5] grow, too.

1) **billionaire:**
「億万長者」。英語の単位はmillionとbillionなので、millionaire（100万ドル長者）、billionaire（10億万長者）という言い方がある。

2) **figure out:**
「つきとめる」。

3) **re-encoding:**
「再エンコードする」。

4) **seamlessly:**
「よどみなく、途切れることなく」。

5) **really helped us:**
「本当に助かった」。

PART 2　Chapter 1　Web 2.0 とは何か？
チャド・ハーリー

POINT

I gotta know – see my son has not made one billion yet, so I gotta figure out what the answer is here.
（私の息子はまだ10億ドル稼いでいないから、この答えを是が非でも解明せねば）

　チャド・ハーリーが億万長者なのをネタにしたジョーク。単刀直入な質問、辛らつな質問をユーモアを交えてサラッと聞く話術です。外国語でユーモアを言うのは、なかなか容易ではありませんが、チャンスがあれば思い切って言ってみるのもひとつの手ですね。I gotta ... は「〜しなくちゃ」というニュアンス。

　この司会者のスタイルというかノリは非常にラフな感じがしますね。イギリスのビジネスセミナーなどに慣れていると、違和感を覚えるというのを通り越して、戸惑ってしまう。

　このセッションはアメリカのノリで最後まで突き進む感じですね。欧州委員会のレディングさん以外みんなアメリカ勢ですから。でも、この司会者はアメリカにしてもラフな方かな。と言っても、乱暴なわけではなく、個性が溢れていて魅力的ですよ。

　I gotta know、I gotta figure out と畳み掛けて、聴衆の興味を引き付けていますね。

　非常にうまいですね。これからの長いセッションを飽きさせない工夫をちゃんと考えていますね。チャドも、待ってましたとばかりに、そのノリを受けて答えています。
　figure を使いこなせるといろいろ言えますよ。Go figure. という言い方があるのですが、これは「なんてこった」「やれやれ」「どうなっているの」という慨嘆を表すときに会話ではよく使います。

【訳】
ピーター・シュワルツ：
　それはそうと、ハーリーさんは自分でビデオを撮っていたのですか？　オンライン上でシェアしたいと思ったのですか？　知る必要があるんですよ。私の息子はまだ10億ドル稼いでいないから、この答えを是が非でも解明せねば。

チャド・ハーリー：
　そう、ビデオを皆で共有したいというわれわれの個人的なフラストレーションからそうなったんです。需要があると思ったのですが、それは自分たちの個人的な需要だったわけです。それから、ビデオをオンラインで操作する際のフラストレーションもありました。

　（オンラインで）ビデオを見るのは簡単じゃなかったんです。見たいビデオに合ったタイプのメディアプレーヤーを選ばなければならないんですが、フォーマットがバラバラです。そこで、途切れないで再生できるような標準フォーマットに再エンコードして、障害を取り除こうと試みたのです。このことも実際に会社の成長に寄与しました。

トップの英語　チャド・ハーリーの場合

　チャド・ハーリーの話しぶりを聞いて、すぐ気が付くのは and が多いことです。これは司会者のシュワルツ氏と比べてみれば明らかです。Section 1 のシュワルツ氏の質問では、And finally の1カ所だけなのに対し、Section 2 をみると、And that movement / And thats what / And, us … というように、ハーリー氏は and で文章をいくつも始めています。日本語で言えば「あの」「それで」という感じでしょう。Section 3 でも同様です。

　これはひとつには、沈黙を避けるためでしょう。話したいことがどんどん、後から後から出てくるので、and と言いつつ、リズムを取っているという感じです。聞いている人に不快感を与えているかというと、そんなことはありません。日本語で話すときになぞらえてみてもわかります。「あの」「そして」が多い話し手の場合、無用な言葉が多くて不快と受け取られるかというと、間があいてしまって沈黙が流れるよりは、かえって聞きやすいということもあります。

Photo by World Economic Forum

　通訳者の訓練の場合、「余計なフィラー（「えー」「あー」など、沈黙せずに意味のない音を発すること）は避けるように」と注意をすることが多いのですが、それは他の人の言葉を訳そうとして話し手の発言にひきずられ、不自然なリズムになっているのを避けるための注意です。自分が自発的に話しているのであれば、かえって聞きやすいリズムが and を使うことで生まれていると言えます。

　ビジネスでは、err/um（日本語の「えー」「あー」）は To do it constantly is distracting.（コンスタントにするのは耳障り）と言われています。確かに、多用し過ぎると優柔不断な印象を与えてしまうかもしれません。一方で、特に欧米では沈黙する間（ま）を嫌う傾向があるので、沈黙するよりは and とか well を適度に使ってうまく間を持たせるといいでしょう。

PART 2　Chapter 1　Web 2.0 とは何か？
カテリーナ・フェイク

■ スピーカーのプロフィール

Photo by World Economic Forum

カテリーナ・フェイク　Caterina Fake (1969-)
フリッカー創業者：Founder, Flickr

　フィリピン系アメリカ人。ニューヨークのヴァッサー大学卒業後、投資銀行、画家助手など、さまざまな仕事を経て、2001年、カナダのバンクーバーに転居し、夫であるスチュワート・バターフィールドと共にLudicorp（ルディコープ）社を創業。2004年に写真共有サイトFlickr(フリッカー)のサービスを始めた。同社は2005年、Yahoo!（ヤフー）に買収され、現在は技術開発部門のシニア・ディレクターを務める。

　Ludicorp創業前は、Salon.com社のアート・ディレクターとして、オンライン・コミュニティや自費出版などに携わる。2006年、「タイム」誌の「世界で最も影響力のある100人」に選出される。

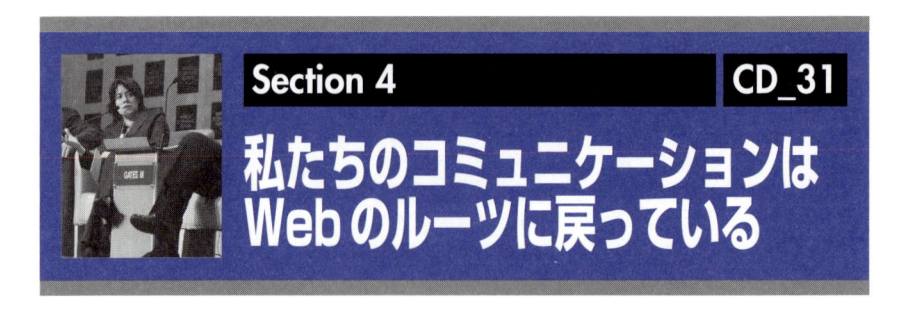

Section 4　CD_31
私たちのコミュニケーションはWebのルーツに戻っている

Peter Schwartz:
Okay. Caterina, why don't you tell us what you think?

Caterina Fake:
I- I actually think that **what we're seeing is a return to the roots of the web**. Um, that, when we first got online, you know, think back to just about ten years ago or so, circa [1] 1995/1996, the thing that was really exciting about people who were seeing the web for the first time was that all of these people were publishing.

People were publishing pictures of their pets, they were publishing discographies of their favorite bands and it was this-, it was this kind of amazing form of communication, and we were all kind of communicating through talk. We all had to be power users [2] at that time, though. That was the thing [3]. Everybody had to become kind of [4] comfortable [5] in the command line [6], they had to know HTML [7] in order to put up a webpage.

1) **circa:**
「およそ」。

2) **power user:**
「(コンピューター用語)パワーユーザー」。ハード・ソフトウェアを熟知し、その機能を最大限発揮できるユーザー。

3) **That was the thing:**
「それがそうだった⇒それが問題だった」。

4) **kind of:**
「まあ、いわば、何というか」というニュアンスの断定を避ける言い方

5) **comfortable:**
「納得する」。

6) **command line:**
「(コンピューター用語)コマンドライン」。コマンド(指示)入力する画面の行。

7) **HTML:**
Hyper Text Markup Language の略。ウェブ上のドキュメントを記述する言語。

PART 2　Chapter 1　Web 2.0 とは何か？

カテリーナ・フェイク

> **POINT**
>
> ## What we're seeing is a return to the roots of the web.
> （私たちのコミュニケーションはウェブのルーツにもどっている）
>
> 　話法には、いわゆる起承転結のパターンもありますが、ここでは、いきなり結論から入っています。この手法もなかなかインパクトがあります。聴衆は「ウェブのルーツって何だろう」と思って神経を集中して聞くからです。

- まず結論から入って、それからオンライン当初の話に持っていってますね。
- 10 年前にオンライン上のコミュニケーションが実現したことがいかに新鮮で素晴らしかったかを、amazing form of communication という表現で熱く語っています。
- でも一方で、power user じゃなかった私なんかは、驚きながらも「ホームページを作るなんて面倒だなあ」と思ったもの。
- まだわれわれの世代にとってはマニアックな世界（？）でしたよね。その辺の気持ちはカテリーナさんは全部お見通しですね。
- ところで、カテリーナさん、kind of ... という表現を連発していますが。
- 「～のような、～とか」というニュアンス。断定を避けて、文章を和らげる効果があると言えるでしょうか。彼女は自分の考えをストレートに表現していますから、味をマイルドにするスパイスとして、うまく効いています。

【訳】

ピーター・シュワルツ：
　そうですね。カテリーナさん、あなたはどう思うか教えてください。

カテリーナ・フェイク：
　私たちのコミュニケーションはウェブのルーツに戻っていると実際に思います。オンラインが始まったころ、10 年くらい前だったでしょうか、1995 年か 96 年のことを思い出してみると、何と言っても本当に刺激的だったのは、初めてウェブを見ていた人たちが皆、何らかの発表をしているということでした。

　ペットの写真や、自分のお気に入りのバンドのディスコグラフィーなんかを載せたりしていましたけど、このコミュニケーションのスタイルにはびっくりしました。お話ししながらコミュニケーションができるわけですから。ただ、当時、そのためにはパワーユーザーでなくてはならなかったのです。それが問題でした。コマンドラインを気軽に使いこなせなければいけませんでしたし、ウェブサイトを立ち上げるには HTML を知らなければならなかったのです。

Section 5 　 CD_32

インターネットの本質は
人々を結びつけること

Caterina Fake:

And I think what's changed between now and then is that, I think-, I think, to some degree the web was kind of, destructive [1] from these early roots, uh, by the dot-com [2], e-commerce, e-commerce [3] period of the web. And what we're seeing now is there's millions and millions of more people online, the tools are there, the tools are significantly more-, more simple to use, the infrastructure is there, we're seeing [4] broadband, um, and, uh, the ubiquity [5] of the network and upload.

It, it, I really think this is a kind of a combination of all of these things coming together at the same time. But essentially **what the Internet has always excelled [6] at has been connecting people to each other**. So, I- I- I see it as really, um, a return to what the roots were.

1) **destructive:**
「破壊される」。

2) **dot-com:**
「ドットコム（インターネット）」。

3) **e-commerce:**
「オンラインショッピング」。

4) **we're seeing… :**
「目の当たりにしているのは〜」。

5) **ubiquity:**
「至る所に存在すること、同時偏在（能力）」。その形容詞が ubiquitous「ユビキタス」。

6) **excel:**
「秀でている」。

PART 2 Chapter 1 Web 2.0 とは何か？

カテリーナ・フェイク

> **POINT**
>
> ## What the internet has always excelled at has been connecting people to each other.
> （インターネットはこれまで何が他に秀でていたのかというと、それは人々を結びつけてきたこ とだということです）
>
> 「ルーツへ戻っている」という意見を裏打ちする「人々を結びつけること」を再度強調した上で、発言の冒頭と同じ内容の言葉（I see it as really a return to what the roots are.）で締めくくっています。彼女のインターネット哲学が聴衆の脳裏にしっかり焼きつくようにまとめ上げた演出といえるでしょう。

- いろいろなことが出来るようになったが、その本質は「人々を結びつけること」という彼女の思想がしっかり浮き出ています。
- 話の運び方がうまいですね。具体例をどんどん出して説得力を持たせながら、キーワードともいえる connecting people、return to the roots を、うまく織り込んでいる。
- 話の筋道をちゃんと考えていますね。

【訳】
カテリーナ・フェイク：
　当時と比べて変わった点はといえば、ある程度、ウェブは初期のルーツから破滅的な面を持っていて、ドットコムやオンラインショッピングの時代が、それに取って代わったことだと思います。私たちが目の当たりにしているのは、何百万という人たちが、どんどんオンラインを利用していることです。ツールがあり、そのツールは以前よりずっと使いやすくなっていて、インフラが整備され、ブロードバンドが出現し、ネットワークが至るところに張りめぐらされ、あちこちでアップロードされているんです。

　こうしたものがいっぺんに組み合わさっているのだと、本当にそう思います。でも、本質的に、インターネットはこれまで何が他に秀でていたのかというと、それは人々を結びつけてきたことだということです。ですから、これはまさに当時と同じウェブのルーツへと戻っているんだと思います。

トップの英語　カテリーナ・フェイクの場合

　Section 4 でもみたように、カテリーナさんは kind of ... という表現を連発しています。kind of ... は「～のような、～とか」、あるいは「まあ、いわば、何というか」というニュアンスの、断定を避ける言い方。文章を和らげる効果があると言えるでしょうか。彼女は自分の考えをストレートに表現していますから、味をマイルドにするスパイスとしてうまく効いています。

　ジェンダーによる言語の違いの研究の第一人者といわれるカリフォルニア大学バークレー校のロビン・レイコフに言わせれば、こういう曖昧な断定を避ける言い方は典型的な女性言葉。日本語でもそうですが、「いわば」という感じで曖昧にして柔らかさを出す、ということでしょう。もっとも、カテリーナさんの話し方は口癖になっているかのように多用しています。

　そうは言っても、カテリーナ・フェイクさん、決して弱々しい話し方などではありません。「びしっ」と結論を先に言う、インパクトのある発言をする、というポイントは踏まえています。タイム誌で「世界で最も影響力のある 100 人」のひとりに選ばれただけのことはあります。

　そう考えると、むしろ、kind of は、話の断定を避けて柔らかさを出すため、というよりも話のリズムをとるために使っているくらいの感覚なのかもしれませんね。

Photo by World Economic Forum

YouTube と Flickr

　動画共有サイトの YouTube（ユーチューブ）と写真共有サイトの Flickr（フリッカー）。Web2.0 の代表的なサイトともいえるこの 2 社を簡単にご紹介しましょう。

　ユーチューブは、アメリカのオンライン決済サービス会社 PayPal（ペイパル）社員であったチャド・ハーリーとスティーブ・チェン、ジョード・カリムによって 2005 年に設立されました。きっかけは、友人たちとのディナーパーティーの映像を共有したいと思ったところ、動画のデータは容量が大きくメールでは送れなかったことでした（Section 3 参照）。

　誰でも手軽に動画を見たり、投稿できるユーチューブのサービスは、ネットユーザーの圧倒的な支持を受けました。設立からわずか 1 年半ほどで Google（グーグル）が買収に乗り出したという事実が、その何よりの証拠かもしれません。

　一方で、その手軽さから、投稿される映像に関する著作権侵害の問題が取りざたされ、ユーチューブ側と著作権団体との話し合いが持たれています。ユーチューブという新しいサービスに、新しいルールが求められているというのが現状のようです。

Photo by World Economic Forum

　フリッカーはカナダの Ludicorp（ルディコープ）社が 2004 年に開設したウェブ上で写真を共有するサイト。ユーザーが写真にキーワードをつけることによって、別のユーザーがその中から見たい写真を探せるようになる、いわばウェブ上の写真のアルバム。こちらは 2005 年に Yahoo!（ヤフー）に買収されました。

　ユーチューブのチャド・ハーリー、フリッカーのカテリーナ・フェイクに共通しているのは、他人と情報や経験を「共有」することに対する熱い想い。この「共有」という考え方こそ、Web2.0 を支えるキーワードではないでしょうか。

第2章
ビル・ゲイツが語る、今後の方向性

Photo by World Economic Forum

　ユーチューブ、フリッカーといった Web2.0 を代表する若き CEO の話を受け、次に司会者は、ビル・ゲイツ（マイクロソフト会長）に、将来の方向性について質問。
　ビル・ゲイツは、今後の方向性として、「さらなるデジタル化」（Section 6）が進み、「TV で番組を見るという概念が変わって、放送がよりインタラクティブになり」（Section 7）、「3 D の時代が到来する」（Section 8)ことなど熱弁をふるいます。

PART 2 Chapter II ビル・ゲイツが語る、今後の方向性
ビル・ゲイツ

■ スピーカーのプロフィール

Photo by World Economic Forum

ビル・ゲイツ　Bill Gates（1955-　アメリカ）
マイクロソフト会長：Chairman, Microsoft Corporation, USA

　本名は William H. Gates III。小さい頃から数学と理科が得意で、既に高校生のときに、交通量計測システム、給与計算システムの売り込みに成功。ハーバード大学（コンピュータ科学専攻）を中退し、マイクロソフト社を創業。MS-DOS に続き、Windows の開発に着手。Microsoft Windows は 1990 年代後半には市場占有率が世界 1 位となり、名は世界に知れ渡った。

　現在はマイクロソフト社の会長。2006 年フォーブス誌世界長者番付によると、個人資産は推定 530 億ドル（約 6 兆 360 億円）で 13 年連続して世界一を記録。最近は慈善事業活動でも有名で、妻のメリンダさんとビル・アンド・メリンダ・ゲイツ財団を運営。2006 年 6 月にゲイツ氏と全米でトップを争う資産家のウォーレン・バフェット氏が、ビル・アンド・メリンダ・ゲイツ財団に資産の 85 ％にあたる約 370 億ドル（約 4 兆円）を寄付するとしたことでも話題となった。スタンフォード大学にはビル・ゲイツ記念館を寄贈。後進を多く育てている。

Section 1 CD_33
今後の方向性はさらなるデジタル化

Peter Schwartz:
Mr. Gates, so, you're one of the main architects[1] of the software that all of this rides on[2]. Where is this taking us?

Bill Gates:
Well, people always want some demarcation[3] where this stopped and this other thing began and, you know, the Internet goes back even into the 70's. As a student I would take all my files, put it up on a big computer in the sky[4].

We're just getting that back on the Internet where your storage[5] shows up on all your machines, it moves from your camera automatically. Minitel[6], you know, twenty years ago had a payment system, so people wanted to charge a little bit. Could do that, we don't have that yet, but you know, we'll get that, uh, as part of this next generation.

So every year, we just move to more of a digital environment, and we take away[7] the older approaches. Uh, still in voice telephony[8] you have a thing called PBX[9]. You won't have those anymore, you'll have a communication system that's using your Internet network and that's far richer, more flexible software driven system.

1) **architects:**
「設計者」。

2) **ride on:**
「〜に則って」。

3) **demarcation:**
「境界、分離、区分」。

4) **a big computer in the sky:**
（今と比べて）とてつもなく大きいことを表す比喩。

5) **storage:**
「保存、保管、記憶装置」。

6) **Minitel:**
「ミニテル」は、80年代に開発されたオンライン・ショッピング・システム。

7) **take away:**
「持ち去る」。

8) **telephony:**
「電話技術」。

9) **PBX (=Private Box Exchange):**
企業などで内線電話同士の接続や、加入者電話網、ISDN回線などの公衆回線への接続を行なう機器。PBX同士を専用線などで接続すれば広域の内線電話網が構築できる。

PART 2 Chapter II ビル・ゲイツが語る、今後の方向性
ビル・ゲイツ

> **POINT**
> ## So every year, we just move to more of a digital environment,
> (ですから、毎年われわれは、よりデジタル化した環境に移行しており)
>
> カテリーナ・フェイク(第1章Section 4-5)と違って、結論から入ってはいません。まずは、じっくり具体例をあげてから、今後の方向性を示しています。どちらがいいということではなく、これはスタイルの違いです。自分の主張を裏付ける事例をいろいろと挙げている点が共通していますね。

- Microsoft Comes of Age(マイクロソフト、成人式を迎える)という見出しの新聞記事を先般見つけました。設立は1975年、上場が1986年、上場して21年目イコール成人式。

- その歴史を振り返るように当時の様子を語っています。70年代のコンピュータをa big computer in the skyと形容しているのが面白い。

- パネリストはみな個性があってユーモアがありますね。ゲイツは楽しそうに、かつ熱っぽく語っていて、いいなあ。

- さすがに聴衆を惹き付けるのが上手いですね。語りかける感じなので親近感が湧く。Could do that, we don't have that yet, but you know, we'll get that ...なんか、うまい運び方ですね。

【訳】
ピーター・シュワルツ:
　さて、ゲイツさんは、これらすべてが搭載されているソフトウェアを作り上げた人のひとりですね。今後はどんな方向に進むんでしょうか?

ビル・ゲイツ:
　ひとつのものが終わって他のものが始まるときには、人々は常に境界線を引きたがるものです。ご存じの通り、インターネットは1970年代までも遡るんです。私の学生時代には、いろいろなファイルを持ち運んでは、馬鹿でかいコンピュータに載せて使用したものです。

　それが今では、インターネット上に取り込んで、機械で保存状態が把握できるようになっています。カメラからだって自動的に取り込むことができるのです。ミニテルという20年前の支払いシステムがありましたけど、利用者は少し手数料がかかってもよいと思ったのです。これは、やろうと思えばできるし、まだやっていませんけど、次世代に開発する機能の一部としてやることになるでしょう。

　ですから、毎年われわれは、よりデジタル化した環境に移行しており、より古いアプローチは捨て去ることになります。音声の電話方式には、まだPBXというものがありますが、これからは、こういったものは姿を消し、コミュニケーション・システムはインターネット網を使い、コンテンツがはるかに豊富で、いっそうフレキシブルなソフトウェア主導のものになっていくでしょう。

Section 2 CD_34
TVの概念が変わる

Bill Gates:

Today, T.V. is still a broadcast infrastructure and there's a hybrid [1] where you go on your P.C., you get the flexibility of YouTube, uh, you have editing tools, but that's separate from what you watch on T.V. If somebody goes with an HD camera [2] to your kids' basketball game and then films it, you have to go find it.

But because T.V. is moving to be delivered over the Internet and some of the big phone companies are building out the infrastructure for that, you're going to have that experience all together. And once video gets on the Internet, the ability to just see the news you want, the ads are personalized, the educational stuff is far more interactive [3], it becomes very different from what it's been in broadcast.

The tools to do authoring [4] are very key here. We want people to write things like a math course. Uh, you know, take clips off the web, make it, uh, put the quiz part in, give feedback in there. We want every teacher, every student to have those tools. And so we've made progress in the tools, and that's partly what, uh, has moved us forward. We need micro-payments [5], we need better tools, we need 3D [6]. We're seeing it on things like Xbox [7] where you have Xbox live for 3D …

1) **hybrid:**
「(コンピュータ用語)アナログとデジタルの複合型」。原意は、「雑種の、混成の」。

2) **HD camera (=High Definition camera):**
「高精細カメラ」。高画質なビデオカメラのこと。

3) **interactive:**
「対話式の、双方向の」。

4) **tools to do authoring:**
コンピュータ用語で、マルチメディアソフト開発のアプリケーションソフトを authoring tool (オーサリングツール) という。「著者」を意味する author をイメージするとわかりやすい。

5) **micro-payment:**
「小額の支払い」。1セントといった小さな金額でもネットで支払いが出来るような仕組みについて開発がなされている。

6) **3D (= three-dimensional):**
「3次元の、立体的な」。

7) **Xbox:**
マイクロソフト社が開発した家庭用テレビゲーム。

PART 2　Chapter II　ビル・ゲイツが語る、今後の方向性
ビル・ゲイツ

> **POINT**
> ## We want every teacher, every student to have these tools.
> （どの先生にも、どの生徒にもこうしたツールを持ってほしいのです）
>
> 　インターネット上のビデオ映像を自分で自由に加工して、どの先生も教育現場で活かせるようになってほしい、どの学生にもその恩恵が及ぶようになってほしい。技術により教育を進展することがマイクロソフトの使命でもあるという気概が感じられます。

　話し方にも「なくて七癖」っていうようなこと、ありますよね。

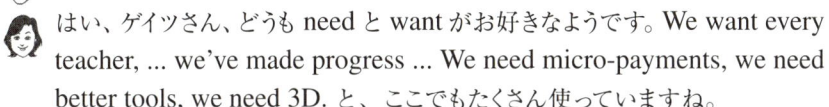

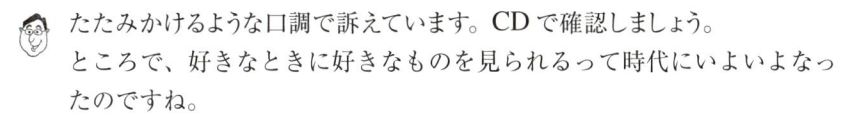

　はい、ゲイツさん、どうも need と want がお好きなようです。We want every teacher, ... we've made progress ... We need micro-payments, we need better tools, we need 3D. と、ここでもたくさん使っていますね。

　たたみかけるような口調で訴えています。CD で確認しましょう。
　ところで、好きなときに好きなものを見られるって時代にいよいよなったのですね。

　ええ、「チャンネル争い」なんて言葉は死語ですね、きっと。

【訳】
ビル・ゲイツ：
　今日では、テレビはいまだに放送インフラといえますが、パソコンともなるとアナログとデジタルの複合型のものがあり、ユーチューブを見ることも、編集ツールを利用することもできるという自在性があります。これらは、テレビで見るものとは別のものです。誰かが子どものバスケットボールの試合に HD（高精細）カメラを持って出かけ、その試合を録画する場合、その録画した映像を探さなければならないのです。

　しかし、テレビがインターネット配信へ移行しており、主要電話会社がそのためのインフラを作り上げつつあるので、皆さんはこれらを一度に体験することになります。そして、いったんビデオがインターネットに取り込まれると、見たいニュースが見られるし、広告は自分の好みに合わせることができ、教育の素材は今よりずっと双方向的になり、これまでの放送の中味とは大いに違ったものになります。

　ここでは、マルチメディアソフト開発のアプリケーションが鍵を握っています。数学コースのようなものを書く人材が求められています。ウェブから一部を切り取って（教材を）作成し、小問題を加えてフィードバックをする。どの先生にも、どの生徒にもこうしたツールを持ってほしいのです。ツールが進歩したので、それがわれわれを次のステップに踏み出させるようにした面もあります。小額の支払い方法、もっといいツール、3D が必要とされているんじゃないでしょうか。3D は、Xbox ライブで実現しつつありますけどね……。

Section 3　CD_35
なぜ3Dか？

Peter Schwartz: Why 3D?

Bill Gates:
Well, 3D is, **it turns out the world is in 3D** (Laughter). Uh, and we used to have only uppercase [1], and then we got lowercase, that was fun (Laughter). Then we went from, uh, black and white, and we got this color thing, that was fun. And that 3D, you see glimpse [2] of it, it's gonna happen. Uh, you see it with things like Virtual Earth [3] where you're walking around a city. You see it in Second Life [4] where, you know, it's still a little clunky [5] and tryin' to put it all in one place and have a- a set of rules [6] for places. (…)

And in fact I'd say that if there's any one thing that holds this back at all, and only in a small way, it's because we don't have a digital rights [7] model where content creators understand how to let their stuff get out there flexibly and yet, uh, can feel like they're gonna get renumerated [8] the right way. You get hesitation, uh, for people to dive in completely.

You know, we need to solve that, that's a particularly tricky issue that needs a little better technology, a lot of cooperation. But I don't, I'm not saying that's gonna stand in the way [9]. You know, the 3D, bringing T.V. in, natural interface…you're gonna look at what we have today and think it's kind of a joke. Um…

1) **uppercase (⇔ lowercase):**
「大文字（⇔ 小文字）」。

2) **glimpse:**
「ちらっと感じ取ること」。

3) **Virtual Earth:**
「バーチャルアース」。マイクロソフト社が Live Search の一部として発表したもの。Virtual Earth 3D では、街の上空やビルの隙間を「飛ぶ」体験ができる。

4) **Second Life:**
「セカンドライフ」。バーチャルワールド（仮想世界）で、すべてユーザーが創造し、発展させてゆく3Dオンラインスペース。

5) **clunky:**
「遅い、時代遅れの」。

6) **set of rules:**
セカンドライフでは、プレイヤー間のトラブル発生を避けるため、穏便な交流を行うために設けられた Big Six（ビッグ・シックス）といった禁止指針などがある。

7) **digital rights:**
「デジタル著作権」。

8) **renumerate:**
「再び数字化する」。ここでは、番号が割り振られて商標登録がされること。

9) **stand in the way:**
「邪魔になる、妨げになる」。

PART 2　Chapter II　ビル・ゲイツが語る、今後の方向性
ビル・ゲイツ

> **POINT**
>
> ## it turns out the world is in 3D.
> （実は世界は3次元なんです）
>
> 　この言い方、覚えておきましょう。
> It turned out to be a nightmare. （結局、悪夢であると（後で）わかった）
> The notice turned out to be a blessing in disguise.
> 　（その通知は実はよい知らせだった）
> というように、実は見かけと違って、予想に反して事態が進展したときに使う言い方です。

- 著作権が問題視されている点は意識していて、問題になったとしても「ささいな (only in a small way)」、「妨げになる (stand in a way) ことはない」などと先手を打っていますね。これは、preempt the issue（問題を切り出す）という手法でビジネスではよく使われます。
- 後手に回らないようにするということですね。確かに、先にサラッと言われてしまうと、心理的に突っ込みにくくなる。
- Virtual Earth といった自社製品を、チャッカリ宣伝しているところもなかなか憎い。
- パネリストの特権を最大限利用しようというわけですね。世界中が注目する会議ですから宣伝効果抜群！

【訳】
ピーター・シュワルツ：なぜ3Dなのですか？

ビル・ゲイツ：
　世界が3Dだからです（笑）。活字は大文字しかなかったところに小文字ができた。これは面白かった（笑）。次に、白黒からカラーになったのも面白かった。3Dも、今は一部しかお見せしていませんが、実現しますよ。「バーチャルアース」では自分が町を歩き回るのです。「セカンドライフ」は、まだ今の世界の現実にとらわれているところがありますが、参加者を1カ所に集めて、その世界のルールを設定しています。

　実際、足かせになるものがあるとすれば、ささいなことではあるけれども、デジタル著作権のモデルがまだないので、コンテンツのクリエーターが仕事をする上で、どうやって著作権に触れることなくフレキシブルに作品を生み出せばいいかわからず、正当に商標登録される気がしないということです。これでは、全面的に参入できないと躊躇する人がいますね。

　これは解決する必要があります。もう少し技術が進歩することと、多くの協力を必要とするといった、特に扱いにくい問題です。しかし、これが妨げになるとは思いません。テレビ機能を搭載した3Dは自然なインターフェースです。現在あるものの姿を見ると、一種の冗談のように聞こえるかもしれませんけどね。

トップの英語　ビル・ゲイツの場合

ビル・ゲイツの使っている動詞に注目！

　簡単な動詞で、実はほとんどのことが言えるという好例です。Section 2 を例にみてみましょう。（　）内は出てきた回数です（動詞は原形で書いてあります）。

Photo by World Economic Forum

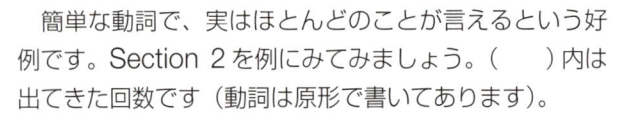

---
be (12) go(4) get (2) have (8) watch (1) film(1) find(1) move (2) deliver (1) build (1) see (2) want (3) personalize (1) become (1) do (1) write (1) know (1) take (1) make (2) put (1) give (1) need (3)

---

　be 動詞の他は go と have が多いですね。have の場合、助動詞としても使われるので、どうしても回数は多くなります。

　それでは、ゲイツさんにならって、簡単な英単語の活用法を練習します。柴ちゃんに、生徒役をお願いします。

🧑‍🦰 「今日のお話、うかがってうれしかったです」。はい、どうぞ。

👨 I appreciated your lecture very much. ですか？

🧑‍🦰 それでも、もちろん正しいのですが、実は中学英語でも言えるんですよ。Your talk made us happy. これでいいですね。

👨 なるほど。

🧑‍🦰 では次です。「最近ゲームにはまっている」。

👨 うーん、I became fond of games recently. ですか？

🧑‍🦰 さすが、国際派ビジネスマン！　でも、もっと簡単に言えますよ。I took to games でも十分通じます。

　というように、英会話に自信がないという方でも、すでに知っている単語を活用することで、発言しやすくなると思いますよ。

第3章
ボトムアップ型の構造改革

Photo by World Economic Forum

Photo by World Economic Forum

　司会者は、ナイキ社長のマーク・パーカー、欧州委員会コミッショナーのヴィヴィアン・レディングからIT業界以外の意見を聞きます。
　一見、Web2.0とは無関係に思われる両者ですが、はたしてその影響は？ナイキ社長は、「消費者への根本的なパワーシフトだ」（Section 1-2）、欧州委員会コミッショナーは、民間主導の立場を肯定しながらも、「政府は著作権問題に関与する必要がある」（Section 3-4）と述べています。

■ スピーカーのプロフィール

Photo by World Economic Forum

マーク・パーカー　Mark G. Parker (1956- アメリカ)
ナイキ社長兼CEO：President and Chief Executive Officer, Nike, Inc.

　ペンシルバニア州立大学卒（政治学専攻）。1979年、ナイキに入社。シューズ・デザイナーとして研究開発をはじめとするさまざまな部門を経験し、2001年、同社副社長、2006年1月、社長に就任。
　北京オリンピックを飛躍のチャンスと位置づけているが、最大のライバルであるアディダスがリーボックと合併するなど、競合他社との厳しい競争にさらされている。前任者は就任期間が13カ月と短命で終わる中、どのような舵取りをするのかが注目される。

PART 2　Chapter III　ボトムアップ型の構造改革
マーク・パーカー／ヴィヴィアン・レディング

Photo by World Economic Forum

ヴィヴィアン・レディング　Viviane Reding（1951-　ルクセンブルグ）
欧州委員会　情報社会・メディア担当委員：
Commissioner for Information Society and Media, European Commission

　ソルボンヌ大学（パリ）で人文科学博士号取得。ジャーナリスト、議会議員、キリスト教社会女性連盟ルクセンブルグ委員長などを経て、89-99年、欧州議会議員。95-99年、ルクセンブルグ・キリスト教社会党副党首。99年9月より欧州委員会委員（教育・文化、出版局担当）。2004年、再任され情報社会・メディア担当。

　2005年6月、EUのデジタル推進化プロジェクトである「i2010」を発表。経済成長と雇用の創出を目標に、2010年へ向けて、競争的で開かれたデジタル・エコノミーの推進と、ICT（情報通信技術）の活用による、障害者・高齢者等を含むすべての市民の生活の質の向上を目指す。

Section 1　CD_36
消費者への根本的なパワーシフト

Peter Schwartz:
Well, that's how we look at our old cell bricks [1]. Remember what those were like, and what the laptop [2] was at the beginning of this process. So, that's all going to come but is this really just about people at the bottom taking control, sharing information, exploding upwards, uh, that this is a structural transformation from the bottom, people sharing information, getting hold of it [3]? Or is there, are there another set of opportunities? Mark Parker, from Nike, tell us.

Mark G. Parker:
Well, I think it's, uh, enabling a fundamental [4] shift in power, really. This whole web 2.0, don't ask me to define it 'cos [5] I think you have better qualified [6] people here to do that, probably in the audience as well.

But the, uh, **what I see is that fundamental shift in power that really is giving the power to the consumer – to people**. And that is to engage, to connect, to create, and do it on a scale that we've never seen before. And I think that's gonna have so much ripple effect [7], so much, uh, change in ways we don't even know.

---

1) **cell brick:**
昔の「レンガのように大きな携帯電話」のことをbrick cell (phone)と言う。おそらく、その言い間違いと思われる。

2) **laptop:**
「ラップトップ・コンピュータ」。ノートパソコンのこと。

3) **get hold of ... :**
「〜を手に入れる、つかむ」。

4) **fundamental:**
「根本的な」。

5) **'cos:**
becauseの省略形（口語）。

6) **qualified:**
「資格のある、適した」(qualification「資格」)。

7) **ripple effect:**
「波及効果」。rippleは「さざ波」の意。

PART 2　Chapter III　ボトムアップ型の構造改革
マーク・パーカー

> **POINT**
>
> **What I see is that fundamental shift in power that really is giving the power to the consumer – to people.**
> （私にわかるのは、力の根本的なシフトが起きているということであって、それによって実際に消費者ないし市民は力を得つつあるということです）
>
> 　2006年末の「タイム」誌のカバーにYou（あなたがた）が取り上げられたということに象徴されるように、いまや、下から押し上げてくる力が抑えられない情勢です。アメリカのトーク番組でも話題になっている点ですが、情報を誰でも提起できるようになると、ジャーナリストの定義も変わってきます。ウィキペディアでは誰でも編集者になれるように、記事を書いて投稿することがブログで簡単にできますので、そうなると「あなたもジャーナリスト」ということになります。

　簡単に使えて、便利なソフトが増えたというのも、ここで話題になっている消費者に力を与えたということに大きく貢献していますね。

　かつては専門的な訓練をしていなかったらできなかったようなことも、パソコンさえあれば誰でもできるようになった。メディアで発信したかったら、文章だけでなく、動画もアップできるようになったのですから。

　ところで、パソコン用語はlaptopやcellといった外来語のオンパレード。当初はパソコンのマウス（mouse）も口（mouth）だと思っていた人もいたとか。

　フランスでは、母国語保護の観点から、マウスのことを la souris（ネズミ）と言うらしいですよ。マウスが「ネズミ」、エクスプローラーが「探検家」、スクロールが「巻き物」……。ちょっと、しらけちゃいますね。

【訳】
ピーター・シュワルツ：
　かつてのレンガのような携帯電話みたいですね。それがどんなものだったか、出始めた頃のノートパソコンはどんなだったか覚えていますね。そう考えると、いまに3Dもお目見えすることになるでしょう。しかし、これは実際に、情報を支配し、共有している下部市民から上部に向かって爆発する構造変革なのでしょうか？　それとも、なにか他のチャンスがあるということなのでしょうか？　ナイキのマーク・パーカーさん、教えてください。

マーク・パーカー：
　このweb2.0全体が、根本的なパワーシフトを可能にするんだと思いますよ、本当に。Web2.0を定義しろなんて言わないでくださいね。他のパネリストの方々や、おそらく会場の中にも（定義を説明するのに）私より適任な方がいらっしゃるでしょうから。

　私にわかるのは、力の根本的なシフトが起きているということであって、それによって、実際に消費者ないし市民は力を得つつあるということです。今まで見たことのないようなスケールで、人々がそれに係わり、結びつき、創造している。そして、われわれがかつて知らないような方法で、大きな波及効果を生み、大きな変化をもたらしていると思います。

Section 2

無意識のうちに コミュニティが生まれる

CD_37

Peter Schwartz:
Yeah, but you're not going to have people making sneakers, right? **So what's the implication[1] for Nike?**

Mark G. Parker:
Well, we in fact, we do have people making sneakers. Uh, you know, it's- it's a fairly large and very fast growing business for Nike. We have, uh, I don't want to get into an advertisement but we have Nike, what we call Nike iD[2] which is a site where you can go and customize[3] product that is specific to you; color, materials. Eventually[4], it'll be more performance benefits as well, but really creating product that is unique to you and what you need.

Peter Schwartz:
So it's a collab-, a way to collaborate[5] with your customers and to help them co-create with you.

Mark G. Parker:
Yes, when you, when you create products like this and experiences, you also, and sometimes you don't even know it, but you create communities. People who share a passion around those products and experiences and they start to connect and they jump in the party[6] and start to create and make it into something that we can't even imagine.

1) **implication**
「影響、余波」。

2) **Nike iD**
ナイキが作っているウェブサイト。製品を好みに応じて注文できる。

3) **customize:**
「注文に合わせて作る、カスタマイズする」。

4) **eventually:**
「結局は」。

5) **collaborate:**
「協働する、共同作成する」。

6) **jump in the party**
「参加する」。

PART 2　Chapter III　ボトムアップ型の構造改革
マーク・パーカー

> **POINT**
> ## So what's the implication for Nike?
> （ナイキにとってはどんな意味があるんですか）
>
> 　implicationという単語は、将来の読みが大切なビジネスでは必須用語のひとつ。経済指標発表や合併のニュースが流れると、What are the implications for our industry?（われわれの業界への影響はいかに？）と言います。遠回しに言ったことの真意や、ある出来事の今後に与える影響などを推測するときにも使われます。

🧑　このimplicationとimply（動詞）という単語はビジネス以外でもよく使われますか？

👩　男女関係だってあり得ますよ。例えば、女性の冷たい発言を受けた男性が、Are you implying (that) you don't like me?（つまり俺を好きじゃないというのかよ？）と食ってかかる。それを聞いていた人が、From what he said, the implication was that they were splitting up.（彼の発言からすると、彼らは別れるということね）と思ったり。

🧑　ビジネスから恋愛まで幅が広いですね。それから、このWhat ... for ...?もいろいろな場面で使われますね。

👩　So, what can you do for our company?（では、わが社のために何ができますか？）これ、まさに面接のときに質問されそうな文句です。

【訳】
ピーター・シュワルツ：
　そうでしょうけど、一般の人にスニーカーを作ってもらうわけじゃないでしょ？　ナイキにとってはどんな意味があるんですか？

マーク・パーカー：
　実は、一般の人に作ってもらっているんですよ。ナイキにとっては、かなり大きな、急成長しているビジネスなんです。宣伝をするつもりはありませんが、Nike iDというサイトがあって、そこにアクセスすると、色や素材など自分の好みに応じて選んで、注文することができるんです。結局は、もっと履き心地がよいというメリットもありますが、本当に自分に合った、自分に必要な製品を作り出していくことになるのです。

ピーター・シュワルツ：
　つまり、貴社が顧客と協力して、彼らの手助けをして一緒に作るという方法ですね。

マーク・パーカー：
　そうです。このような商品や経験が生まれると、時には無意識のうちにコミュニティをも作り出しているのです。こういった商品や経験に対する情熱を共有する人たちは、自然とつながって、集まりにも喜んで参加して、アイディアを出し合い、われわれには想像もつかないような、何かとてつもないものになっていくのです。

Section 3　CD_38

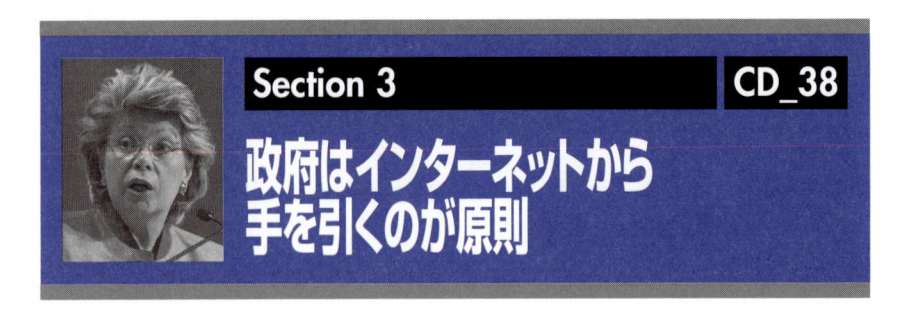

政府はインターネットから手を引くのが原則

Peter Schwartz:
Commissioner Reding. Why are you here?! Do you have any interest in this? I can't- I'm not quite sure I understand (Laughter).

Viviane Reding:
Well we do-, got a lot of interest in this because we in the EU are now 500 million people and I think a big part of those are going to be in the communities, so we really did get an interest in this. But if you ask me as a politician (Yes), what is my interest in this, well, let me first state a principle. I am very happy to hear that from, uh, Caterina and from Chad that Internet finally is going back to people, and that is where it should stay. **So my principle is: Governments hand off the Internet.** That is the first big principle[1] (Applause). Now, uh, having said that, uh, there are problems which needs to be solved. So I see politicians…

Peter Schwartz: For example?

Viviane Reding:
For example, uh, in the networks. Because in order to enable all this we need the fast networks, we need them to be symmetric[2], and we need them to be open. Openness[3] I think is at the heart of it. So we have, as politicians, to be the enablers[4] in order the networks to exist.

1) **principle**
「原理原則、方針」。

2) **symmetric:**
「左右対称の、釣り合った」。

3) **openness**
「開かれた、公開された」。

4) **enabler:**
「（何かを）可能にする人」。
enable（可能な）に接尾辞-rをつけて人を表している。

PART 2　Chapter III　ボトムアップ型の構造改革
ヴィヴィアン・レディング

> **POINT**
>
> ## So my principle is: Governments hand off the Internet.
> （私の原則というのは、政府はインターネットから手を引くことだということです）
>
> 　これを聞いて頭に浮かぶのはアダム・スミスの言葉、invisible hand「神の見えざる手」です。市場原理が働くことをスミスはこのように表現しました。ヴィヴィアンさんの場合、政府で規制をする立場の人がはっきりと市場原理にまかせるべきだと言っています。
> 　政府や規制当局からの力を hand という単数形で表していますが、ちょうど、スミスが市場からの力を hand と単数形で表したことと呼応しているように思います。ちなみに、Hands-off approach はフランス語の laissez-faire（レッセフェール政策、自由放任政策）のことになります。

🧑 上述した hand ですが、「ベテラン」のことを an old hand と言う表現もありますね。

👩 身体の各部位を使って表現する言い方は、文化が違うとそれぞれ違うところもありますが、お国ぶりがあらわれた豊かな言い方があります。この表現に関しては、日本語でも「手練れ」という言葉があるくらい、共通項がありますね。

【訳】
ピーター・シュワルツ：
　レディング委員、どうしてこの席にいるんですか？　Web 2.0 に興味がおありですか？　理解に苦しむところですが（笑）。

ヴィヴィアン・レディング：
　EU（欧州連合）の人口は現在5億人で、その大半がオンラインのコミュニティに入っているでしょうから、この会合には大いに興味がありますよ。もし政治家としての興味は何かと聞かれたら、まずは「原則」であると申し上げましょう。カテリーナとチャドがインターネットは最終的には市民の手に渡り、そこにとどまるべきだと言うのを聞いて、とても嬉しく思いました。つまり、私の原則というのは、政府はインターネットから手を引くことだということです。これは第1の大原則です（拍手）。さて、そうは言っても、解決すべき問題があります。政治家というのは……

ピーター・シュワルツ：例えば（どんな問題）？

ヴィヴィアン・レディング：
　例えば、ネットワークです。これらをすべて可能にするには、高速で、対称型の、開かれたネットワークが必要です。開かれていることは一番重要です。ですから、われわれは政治家として、そうしたネットワークが存在することを可能にさせなければならないのです。

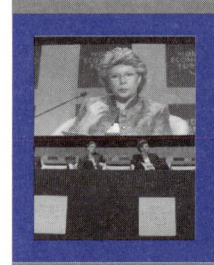

Section 4　CD_39

デジタル著作権の問題は未解決

Viviane Reding:
And, **Bill Gates is very right when he says we have not solved the problems of the digital rights**. But this is going to be crucial in this whole new system of enabling people to create their own content or to utilize content somebody else has created. So we have all the rules in place for the old media. And we have not yet, because we are overwhelmed [1] by what is happening, the new rules. The new rules must lift the barriers on IPR [2] and on content production.

So, I'm thinking for instance on the problems we have of the territory [3] analyzation of rights. We have to get rid of [4] this because rights now are linked to national territory, and we have to license for a virtual space, uh, very soon. And then there's many right holders [5] for one content, but you cannot go global, uh, with this you are blocked all the time, so even if I say governments hands off of the Internet, governments have to, uh, be the enabler so that these new communities can really function.

1) **overwhelmed:**
「圧倒される」。

2) **IPR (=Intellectual Property Rights):**
「知的財産権（知的所有権）」。

3) **territory:**
「領域」。ここでは国を表している。

4) **get rid of ... :**
「〜をやめる、廃止する」。

5) **right holders**
「著作権所有者」。

PART 2 Chapter III ボトムアップ型の構造改革
ヴィヴィアン・レディング

POINT

Bill Gates is very right when he says he have not solved the problems of the digital rights.

（ビル・ゲイツさんが、デジタル著作権の問題はまだ解決されていないと言われるのは、まさにその通りです）

　現段階では、インターネット上で手に入る情報を他の人が自由に使ってよいという共通理解が得られるところまでいっていません。very right と very を使って強調しているところに、「まさにその点が問題なんですね」、という強い同意が込められており、それがこれからの課題であると言えます。他の例を見てみましょう。
Information is very crucial in modern day warfare.
　（近年の戦争において情報は決定的に重要だ）
このような very の使い方をマスターしましょう。

- デジタル著作権の問題は、なかなか難しいですね。

- 何が使えて何が使えないか、ひとつひとつ追求していかなければなりません。ユーチューブに掲載される映像や音声の場合もそうですし、今後の課題ですね。

- しばらくは損害賠償の話題は尽きないでしょうけど、ユーチューブの存在感は増す一方で、後戻りはできない。長い目で見れば、著作権問題は解決されていくと言えるでしょう。

- そうですね。2008 年の米大統領選挙に向けて、ヒラリー・クリントンはユーチューブで立候補。YouChoose（ユーチューズ）というサービスまで始めているわけですから。

【訳】
ヴィヴィアン・レディング：
　ビル・ゲイツさんが、デジタル著作権の問題はまだ解決されていないと言われるのは、まさにその通りです。これは、皆さんが自分自身のコンテンツを創作したり、他人が作ったコンテンツを活用したりすることができるようにするという新たな枠組み全体において、非常に重要なものになってきます。古いメディアについてはルールが整っています。新しいルールについては、現実を後追いしている状況なので、まだないのです。新しいルールでは、知的財産権やコンテンツ制作上の障害をなくさなければなりません。

　私が抱えている問題に、例えば、権利の及ぶ領域の分析があります。これは廃止されなければなりません。というのも、現在は権利が国の領土と結びついていますが、早急に、バーチャル空間に対してライセンス権を与えなければならないからです。そうすると、ひとつのコンテンツに対して多くの権利保有者が出てきますが、この壁にいつも阻まれて、グローバルな活動ができないのです。私が、政府はインターネットから手を引くと言ったとしても、政府は、これらの新しいコミュニティが実際に稼動するよう仕向ける役割を負っているのです。

トップの英語　マーク・パーカーの場合

Photo by World Economic Forum

全体にカジュアルな印象の英語です。And が多いのはチャド・ハーリーと共通しますが、そのほか Well（えーと）も多いです。アメリカ人が使うことが多い You know（だから）など you で始まる言い方もよく使っています。一般的に「普通はこうするものです」と言うとき、主語には you を使いますが、これを「あなたが」と訳してしまうととんでもないことになります。Section 2 から例を見てみましょう。

Yes, when you create products like this and experiences, you also, and sometimes you don't even know it, but you create communities.

You create ... のところは、「あなたが作る」というよりは「そうなるものです」という一般的な言い方です。この言い方は、たとえば何かの作り方を説明したり、道順を説明するときなどによく使われますが、you は「あなた」を指すのではない、と思って聞きましょう。

また、because を 'cos と発音したりして、気取らない、ざっくばらんなしゃべり方です。ウェブに関連した若い業界の人たちが集まって話しているから、ということもあるかもしれません。ですが、日本語で話しているのであったら、年長の人がいる場で、「だってさ」「こうしたらね」というような、友達や仲間内で使うような言葉遣いはしないでしょう。そこは英語の楽なところ、気を使わなくていいところと言えるでしょう。

ヴィヴィアン・レディングさんの場合、流ちょうですが、いかにも外国人が話しているという感じの英語。全体に文章は短めです。発音もかなり特徴的です。

しかし、物おじせずに言いたいことをしっかりと発言しているところは、大いに見習いたいものです。ビジネスでも、カタカタ英語で全く構わないと開き直る姿勢には賛同しかねますが、発音に神経質になるよりも、自分の意見をしっかり伝えることの方が重要だ、ということは言えるでしょう。

Photo by World Economic Forum

第4章
Web2.0は
バブルの再来なのか？

Photo by World Economic Forum

　3つのポイントのうち、2番目（長期的意義）と3番目（ビジネスとしての商機）に移っていきます。
　司会者は、「単なる娯楽とか情報の共有といった以上のものがあるのか、それとも、もっと根底から物事を変える何かがあるのか」と、相変わらずストレートにチャド・ハーリー（ユーチューブ社長）に問い掛けます。これに対して、チャド・ハーリーは長期的意義について力説します。
　続いて、司会者はウィキペディアについて触れながら、ビジネスとしての魅力についてビル・ゲイツに尋ねます。

Section 1 CD_40
世界は変わり、誰もが発言できるようになった

Peter Schwartz:
So, Chad, look, is this more than just simply about people uploading videos of themselves making idiots of themselves [1] at parties or **is something really quite profound** [2] **going on here, about people engaging** [3] **the world in a new way?**

Chad Hurley:
Yeah, I know, it's- it's changing the world because it's giving everyone a voice. Um, and we've been able to be successful because we've built a platform to make that possible. And we weren't filtering [4], uh, you know, what was entertaining, uh, for our audience. We let our audience define [5] what was entertaining to them. So, by having a platform where videos can come in, by them viewing/interacting with these videos, they'll rise to the top [6].

1) **making idiots of themselves:**
「自分たちでふざける、ばかをやる」。

2) **profound:**
「意味深長な」。

3) **engage:**
「関与する、関わる」。

4) **filtering:**
「フィルターにかけること」。

5) **define:**
「定義する」。

6) **rise to the top:**
「トップに上りつめる」。

PART 2 Chapter IV　Web 2.0はバブルの再来なのか？
チャド・ハーリー

> **POINT**
>
> ## ... is something really quite profound going on here, about people engaging the world in a new way?
> （人々が新しいかたちで世界と係わり合いを持っていくという、実に奥が深い何かが起こりつつあるのでしょうか？）
>
> 　engageという言葉の使い方に注目。外交用語ではengagement policy「関与政策」などと訳され、たとえば朝鮮半島での外交についても使われる用語。軍隊用語で'Engage!'は「突撃」という意味になります。
> 　日本語に訳しにくい言葉のひとつですが、もともとの意味は「活動に関わる」ということで、そこから意味の広がりをもちます。

🧑　パネリストの発言が一巡したところで、ようやく3つのポイントのうちの2番目に入っていくわけですね。

👩　本当に世の中が変わったのか、と言われたら、確かに変わった。参加型の世の中になったというのは、180度の大転換と言えるでしょう。

🧑　一方向だけのコミュニケーションでなくなった、誰でも情報を発信できる、しかも動画で発信できる。さらに、何がいいかの判断を下すのもメディアの関係者でなく一般の人たちになった、ここが大きな変化ですね。

【訳】
ピーター・シュワルツ：
　チャドさん、これはみんなで単にビデオをアップロードしてパーティーで馬鹿をやっているだけなのでしょうか、それとも、人々が新しいかたちで世界とかかわり合いを持っていくという、実に奥い深い何かが起こりつつあるのでしょうか？

チャド・ハーリー：
　ええ、世界を変えつつあるんです。それは、みんなに発言の場を与えているからなんです。ユーチューブは、それを可能にするプラットフォームを作ったから成功することができたのです。

　見る人が何を面白いと思うか、ユーチューブでは選別しませんでした。彼らにとって面白いものを、自分たちで決めさせたのです。ビデオ入力が可能なプラットフォームが提供されたわけですから、そのビデオを鑑賞したり、お互いやりとりをしたりすることによって、そうしたビデオは上位を占める人気を得るでしょう。

Section 2　世界を一変させたウィキペディア

CD_41

Peter Schwartz:

Now one of the people we couldn't put on the panel today just for numbers was Jimmy Wales who's here, Jimmy are you in the hall? No, well Jimmy, uh, started something called Wikipedia. Um, and now here's something that, you know, I'm an old Britannica junkie [1]. I still have my 1974 edition Macropedia, Micropedia [2] in the basement and I still love it. But my son, he doesn't know from Macropedia, Britannica, it's Wikipedia. Now I use Wikipedia all the time.

Wikipedia's changing the world. It's the universal [3] distribution [4] of knowledge accessible to everybody from the bottom up. But it's an instantaneously [5], constantly created source of knowledge. So I'm speaking here for Jimmy, but I seem to think that this is another dimension [6] of this when you say voice. And it's the voice of knowledge and the distribution of knowledge enabling people to do new things.

But, so, this is also business. Why isn't this going to be Bust 2.0? You know what, what... last year we put in 800 million dollars worth of venture capital [7] into this. We got another boom going here. Are we gonna see that 800 million go a glimmering [8] or is an awful lot of money going to be made? Bill-

---

1) **junkie:**
何かに熱狂している人。(麻薬などの)常用者。Britannica は『ブリタニカ百科事典』のこと。

2) **Macropedia, Micropedia:**
それぞれブリタニカ百科事典の「大項目事典」と「小項目事典」。

3) **universal:**
「汎用的」。

4) **distribution:**
「分配、配置」。

5) **instantaneously:**
「即座に、瞬時に」。

6) **dimension:**
「次元」。

7) **venture capital:**
「ベンチャー・キャピタル」。成長志向性の強いベンチャー企業に対して資金提供を行う投資会社やグループ。

8) **glimmering:**
「かすかな光」。go glimmering「機会などが消滅する、消える」。

PART 2 Chapter IV　Web 2.0はバブルの再来なのか？
ピーター・シュワルツ（司会）

> **POINT**
>
> **Wikipedia's changing the world. It's the universal distribution of knowledge accessible to everybody from the bottom up.**
> （ウィキペディアは世界を変えつつあります。一般市民をはじめとして、誰にとってもアクセス可能な知識を全世界に配給しています）
>
> 　普通の人が誰でも手に入れられるようになったというのが大きなポイント。universal「汎用的」という言葉がまさにぴったりとあてはまります。
> 　もうひとつのキーワードがbottom up。誰からでも発信できるということでしょう。

　ウィキペディアはよく利用しますか。

　はい、実はとてもよく利用します。もっとも、論文やレポートを書くのに、無条件でウィキペディアを情報源として使うのは危険ですね、誰が流したかわからないですから。誰でもeditor編集者になれるのがウィキペディアでもあります。

　その点をわきまえて使えば便利ですね。

　はい。専門家ではない人が専門家をよそおって投稿、なんていうこともあり得ます。ですが、情報を鵜呑みにせず、複数の情報源で確認をとってから使うという鉄則さえ守れば、大変便利です。

【訳】
ピーター・シュワルツ：
　人数の関係でパネリストとしてご登場いただけなかった方に、ダボスに来ておられるジミー・ウェールズさんがいます。ジミーさん、会場にいますか？　いませんね。この方は、ウィキペディアというものを始めました。ここにいる私は、古いブリタニカ愛用者です。地下室には1974年度版のブリタニカの大項目事典と小項目事典がありますが、いまだに愛好してますよ。でも、息子は大項目事典のことは知らない。ウィキペディアなんです。今は、私もいつもウィキペディアを使っていますがね。

　ウィキペディアは世界を変えつつあります。一般市民をはじめとして、誰にとってもアクセス可能な知識を全世界に配給しています。それは、瞬時に、そして常時、作られていく知識の源なのです。ジミーさんに代わってここでお話ししますが、ウィキペディアは「（市民の）声」のもうひとつの側面を表すものだと私は思うのです。これは、人々が新しいことを実行できるようにする知識の声であり、知識の配給なのです。

　そうは言っても、これは同時にビジネスでもあります。「2.0の崩壊」にならない理由は何でしょうか？　昨年、われわれはこのベンチャー・キャピタルに8億ドルを投資しました。いま再び景気がいい時期を迎えています。この8億ドルは消えていくのでしょうか？　それとも、多額の利益を生みだすのでしょうか？　ビル・ゲイツさん、どうぞ。

Section 3 CD_42
IT 産業への純投資は増加し、グローバル化している

Bill Gates:

Well, where was there a bust? Uh, every year the number of PCs sold increased substantially, every year the number of Internet users increased substantially, every year the amount of traffic [1], the richness [2] of the traffic has increased.

Now there is this other kind of, uh, manic-depressive [3] off on the side here who's valuing these things (Laughter). And he got a little, a little bit manic, uh, there in 2001, in fact he was, he didn't, hadn't taken his medicine at all (Laughter), forgot that gravity [4] existed, uh, then he got a little bit sane [5] and you know maybe he's a little hallucinatory [6] now. That doesn't matter, in a sense, I mean to investors who see numbers go up, and numbers go down. **The net investment in industry just continues to grow**. And it's more global today, than it's been.

---

1) **traffic:**
「交通量」。ここではインターネットの交信のボリュームを指す。

2) **richness:**
「豊かさ。豊富さ」。ここでは、量だけではなく中味の質も充実してきてきたことを言っている。

3) **manic-depressive:**
「躁鬱（そううつ）病の」。気分屋、気分の浮き沈みがあることを揶揄する表現。

4) **gravity:**
「重力、重大さ」。

5) **sane:**
「正気の」。

6) **hallucinatory:**
「幻覚（症状）の」。動詞はhallucinate（幻覚症状を起こす）。

PART 2 Chapter IV Web 2.0 はバブルの再来なのか？
ビル・ゲイツ

> **POINT**
>
> ## The net investment in industry just continues to grow.
> (IT 産業への純投資は増加し続けています)
>
> 投資をどのように行っていくのか、個人の人生においても企業においても、ここがポイントだと思います。成長し続けなかったらいずれ停滞して滅びる、あるいは急成長過ぎると bust（破綻）する、というのが今までの IT バブルの教訓でもありますが、investment（投資）と growth（成長）、これがキーワードでしょう。

- 1990年代後半、米国を中心に IT 関連ベンチャーの実需投資や投資家の過剰投資によって、1999年から2000年初め頃をピークに株価は急上昇。これがビル・ゲイツのいう manic（躁）の状態。
- 2000年春、株価が崩壊してバブルがはじけ、その後多くの IT 関連企業は倒産に追い込まれて、市場関係者は depressive（鬱）の状態に。
- そして今の状態を hallucinatory（幻覚症状の）と形容。これは、Web2.0 でお祭り騒ぎをしているからということでしょうね。
- 幻覚ということは、いつかは崩壊？？　ビル・ゲイツは、仮にそうであってもパソコン、インターネット普及率は一貫して上昇しているので、心配ご無用と言いたいのでしょう。

【訳】
ビル・ゲイツ：
　ええと、いつ破綻があったのですか？　毎年、パソコンは販売台数が実質的に増えていますし、インターネットの利用者数も実質的に増えています。また、インターネット上における交信は毎年、量、質ともに増大、向上しています。

　そこで、われわれとは別に、これらの事柄を評価している人で気分屋の人がいるんですよね（笑）。この人は、2001年にはちょっぴり「躁」の状態だったのです。実際には薬をまったく飲んでいなかったんですね（笑）。そのときは事の重大さに気づかなかった。その後、彼はやや正気に戻ったわけですが、今は多分幻覚症状が少し起きている状態なのでしょう。それは、ある意味でどうでもいいことなんですよ。つまり、数字が上がったり下がったりするのを見ている投資家にとってはね。IT 産業への純投資は増加し続けていますし、それは、今日では以前よりも、もっとグローバル化してきているのです。

Section 4 　CD_43
中国・インドは巨大な市場で新たな収益源

Bill Gates:

If you go to China, the number of start-ups [1] there are at a record high, if you go to India, it's at a record high [2], and so the failure rate has always been somewhere in the 70~80% level. But some gems [3] like, you know, re-defining how people think about video, or photos come out, **get critical mass [4] and then they fit into this incredible phenomena** [5].

So in terms of this being the place where you can play games in a better way, where you can edit videos, find them, organize them. The empowerment [6], the fun, the community, and this huge commercial thing of match and buyers and sellers that's a kind of a new revenue stream, it's just going to keep growing, meanwhile, people will overvalue [7] pieces of it, and undervalue pieces of it, and that's another, that's the casino side which has it's own thrills.

---

1) **start-ups:**
「新しく事業を始める人」。

2) **at a record high:**
「最高値（さいたかね）」。

3) **gem:**
「宝石、逸品」。転じて、非常に素晴らしく有能な人や事柄。

4) **critical mass:**
「（物理用語）臨界質量」。原子炉が核爆発を持続的に進行し始める境目のことだが、経済では、ある業務においてそれなりの収益・ステータスを確保するのに最低必要とされる人・物・金を指す。

5) **phenomena:**
「現象」。phenomenon の複数。他にもラテン語形ルーツの言葉は複数の作り方で違った形をとるものがあることに注意。datum → data、focus → foci、radius → radii など。

6) **empowerment:**
「権利付与」。動詞 empower は「権利を与える、できるようにさせる」。

7) **overvalue (⇔ undervalue):**
「過大評価する」（⇔過小評価する）。

PART 2　Chapter IV　Web 2.0 はバブルの再来なのか？
ビル・ゲイツ

> **POINT**
>
> ## ...get critical mass and then they fit into this incredible phenomena.
> （彼らは成功に必要な規模に達して、この信じられない現象にうまく乗っています）
>
> 　critical mass「臨界質量」がキーワード。臨界質量に達すると核爆発が起こるという原子力用語ですが、「学習の上での必要な要件を満たす」ということにも応用できるでしょう。
> 　たとえば、通訳をする上で必要な語学力がどの程度なのか、議論が分かれるところですが外国語が巧みに操れるというだけでは十分でないものの、外国語が巧みに操れるというのは必要条件である、これは議論の余地がないでしょう。この「巧みに操れるというレベル」、それが critical mass と言えます。

　通訳者になるにはどうしたらいいでしょう、という相談をツル先生はよく受けるのでは、と思いますが、実際いくら外国語が上手でも、それだけでは通訳者にはなれないですね。

　そのとおりです。本当に外国語に優れていても通訳はできない、と言う人はいます。しかし、ある程度以上の語学力が必須条件であることは間違いなし。同僚の通訳者が次の3つの条件をあげています。

　① 外国語能力が critical mass に到達していること
　② 日本語能力が優れていること……これには読書が有効。
　③ 知識力があること。

この中で、まず ① が満たされていないと、そもそも通訳者としての訓練を始める土俵に上がることができません。

【訳】
ビル・ゲイツ：
　中国ではベンチャー企業の数は過去最高を記録していますし、インドも同様です。失敗する確率は常に 70-80% くらいですね。しかし、中には有能な人もいて、人々がネットでビデオや写真を見ることをどう思うか定義し直すんです。その上で、彼らは成功に必要な規模に達して、この信じられない現象にうまく乗っています。

　つまり、ネット事業とは、ゲームをよりよい方法で楽しめる場であり、ビデオを編集、発見、構成することができる場なのです。権利を与えること、娯楽、コミュニティ、そして買い手と売り手を結びつけることは巨大な商機であり、新たな収益源なのです。この分野は成長し続けるのですが、人々はその一部を過大評価したり、過小評価したりします。この事業には、独特のスリルを伴った、カジノのような別の側面もあります。

Section 5　CD_44

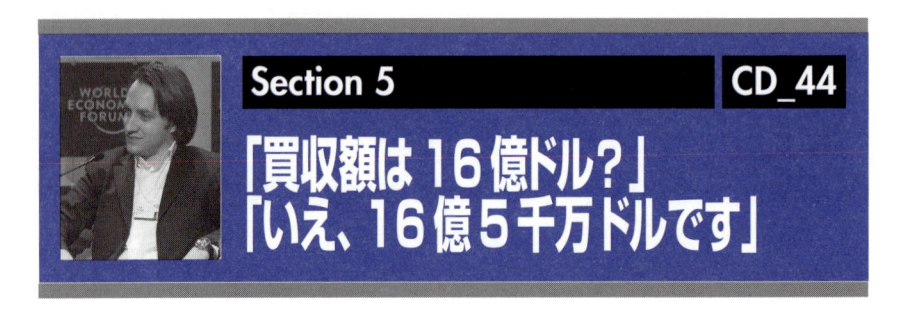

「買収額は16億ドル?」
「いえ、16億5千万ドルです」

Peter Schwartz:
So, you know, uh, let's see Chad was it…1.6 billion, wasn't it at something like that?

Chad Hurley: 1.65…

Peter Schwartz:
1.65! Sorry. 1.65 billion, now, you know, Sergey and Larry [1] are very bright, but they're fairly young. **Eric Schmidt** [2] **is a very doer-serious** [3]**, solid person.** Did he pay too much? Why are you worth 1.6 billion dollars? -65, sorry!

Chad Hurley:
Well, we've been able to build a platform that's, uh, built a large audience, and…

Peter Schwartz:
Will you endure [4] or are you gonna vanish [5]? I mean there's lots of old platforms that are now gone, that were going to be the future, why will your platform, and Caterina, and I'll ask you the same question, why is yours going to endure? Why aren't you going to go the way of some of the other photo sharing like Ofoto [6] and some of the others that have gone [7]? First Chad.

1) **Sergey and Larry:**
Sergey Brin（セルゲイ・ブリン）とLarry Page（ラリー・ペイジ）はGoogle（グーグル）の創設者。

2) **Eric Schmidt:**
エリック・シュミット。グーグル会長兼CEO。

3) **doer-serious:**
「実行力があり、まじめな」（次ページPOINT欄参照）。

4) **endure:**
「持ちこたえる」。

5) **vanish:**
「消え去る」。

6) **Ofoto:**
「オーフォト」はオンライン写真サービスを提供する米国の会社。2001年にKodakが買収。

7) **have gone:**
「消える」。

PART 2　Chapter IV　Web 2.0 はバブルの再来なのか？
チャド・ハーリー

> **POINT**
> # Eric Schmidt is a very doer-serious, solid person.　（［グーグルの］エリック・シュミットはまじめで堅実な人です）
>
> 　人物評価の言い方です。doer という -er を付けた形に注目。「実行力のある人」という意味です。この -er という形は、人物だけでなく事柄の評価にも使えます。例えば、ネットは「平等にするもの」というのは equalizer と言えます。誰に対して話すときでも、you ですむ英語は敬称表現にこだわらずにすみ、ツールとして使うのに非常に便利。English is a great equalizer.（英語は平等化して話せる言語です）と言えるでしょう。

- グーグルによるユーチューブの買収は、動画投稿サービスの集客力が、ネット業界で無視できないほど大きくなったことを象徴するニュース。
- 当時グーグル自身も動画投稿サービスを行っていましたけど、米国内のシェアは1割程度。ユーチューブ買収で、出遅れを一気に取り戻そうという戦法に出たわけです。
- うまくいけば、パソコンソフト分野のマイクロソフトのように、映像分野で独占的立場を握ることも決して夢ではないと踏んだのでしょう。
- 同点打（equalizer）ではなく、一気に逆転というわけですね。そう考えると当時1,250億ドル程度の膨大な時価総額を誇るグーグルにとっては、16億5千万ドルという金額は安い買い物だったのかも……。

【訳】
ピーター・シュワルツ：
　それでは、チャドに聞いてみましょう。確か16億ドルくらいでしたっけ？

チャド・ハーリー：16億5千万ドルです……。

ピーター・シュワルツ：
　16億5千万ドルでしたか、失礼。16億5千万ドルねえ。セルゲイとラリーはとても聡明だけど、まだかなり若い。（グーグルの）エリック・シュミットはまじめで堅実な人です。彼は（ユーチューブ買収に際して）払いすぎたのでしょうか？　どうしてユーチューブは16億ドルもの価値があるのですか？　16億5千万ドルでしたね、失礼。

チャド・ハーリー：
　われわれは大きなプラットフォームを作ることができたし、そこに多くの利用者を集めましたし……。

ピーター・シュワルツ：
　ユーチューブは存続するのでしょうか、それとも消え去っていくのでしょうか？　つまり、古いプラットフォームで消えていったものはたくさんあるし、残ったものもあります。カテリーナさんにも同じ質問をしたいのですが、どうしたら、あなた方のプラットフォームが残っていくのでしょうか？　あなたが、オーフォトなどの写真を共有する会社や消え去ったその他の会社と同じ運命をたどることがないのは、なぜなのですか？　まずはチャド、お願いします。

Section 6

誰もが経験を分かちあう

Chad Hurley:

Well I think with our site we've built a lot of natural network effects [1]. What's really driving [2] people to put a piece of content online is to get a reaction [3], to receive views. Uh, since we have the largest audience, people are deciding to put their videos on our site.

Peter Schwartz:

Are we a world of exhibitionists [4]?

Chad Hurley:

Well, everyone- everyone wants to share. Everyone wants to share [5] their experiences. So, it's just not, you know, funny videos, it's people experiencing, um, the world and having a chance to share that with others. So, um, you know, since we've built the largest library of content, video content on the web, that in turn, brings more traffic, builds a larger audience for us.

---

1) **natural network effect:**
自然とネットワークができるような効果をもたらす。ユーチューブの意義はこうだ、との指摘。たしかに、世界的に話題になる衝撃事件がおきると、テレビニュースに流れるよりも先に映像を手に入れた人がネット上にアップすることが多い。

2) **driving:**
drive「～させる」の意味で使われている。

3) **reaction:**
「反応が欲しい、見たいからコンテンツをアップする」のは、まさしく双方向に情報がやりとりされるのを望む人が増加していることの表れ。

4) **exhibitionist:**
「自己宣伝家、目立ちたがり屋」。

5) **share:**
「共有すること」。ここでのキーワードのひとつ。インターネットの発達で「経験が共有」できることになったのが大きな変化。すると、exhibitionist が増えるということもある。

PART 2　Chapter IV　Web 2.0 はバブルの再来なのか？
チャド・ハーリー

POINT
Are we a world of exhibitionists?
（私たちは自己PRしたい人たちの世界にいるというわけですか？）

　ネット社会になってからは誰でも主役になる機会が格段に増えています。それを端的に表しているのが、この exhibitionist でしょう。ネットで写真を公開したりして宣伝をする、これからはどんどん増えるでしょう。注目は 2008 年アメリカ大統領選挙。ネット上で立候補宣言するというケースも多いですし、ネット上の世論調査で優劣を競ったり、今後ネット利用の進んだ事例として歴史に残るでしょう。今後も目が離せません。

- 目立とうとしすぎて逆効果ということもあるけど、一生懸命やっていれば誰かが見ていてくれる時代は終わり、これからは自己PRを積極的に行っていく時代です。

- ネットを使えば、これまで考えられなかったようなPRが可能になったり、人脈を作っていったりすることができる。チャドは natural network effect といっていますね。

- そう、会社も同じです。いかに会社を魅力的にPRしていくかというは、ますます重要になっていくでしょう。外への情報発信を担うIR (Investor Relations　広報活動) は、企業活動の要のひとつと言えるでしょう。

- 企業では情報の開示 (disclosure) や透明性 (transparency) といったことが求められていますが、個人のホームページやブログなんかも一種の情報開示と言えそうですね。

【訳】
チャド・ハーリー：
　われわれのサイトは、自然なネットワーク効果をたくさん作っていると思います。みんながコンテンツをネット上に載せようという気になるのは、反応を見たいとか、コメントをもらいたいからなんです。ユーチューブには最大の観客がいますから、みんな、われわれのサイトにビデオを載せようと決めるのです。

ピーター・シュワルツ：
　私たちはは自己PRしたい人たちの世界にいるというわけですか？

チャド・ハーリー：
　いや、共有したいんですよ。みんな経験を分かち合いたいんです。だから、面白おかしいビデオだけじゃないんですよ。いろいろな世界を体験し、その体験を他人と共有するチャンスを得るのです。ユーチューブはウェブ上のビデオコンテンツとしては最大のライブラリーを持っているので、結果としてトラフィック量がますます増えることになり、より大きなオーディエンスを築くことになるのです。

トップの英語　司会者の話題を変えるテクニック

　このセッションの大きな魅力のひとつは、司会者ピーターさんの茶目っ気たっぷりのキャラクターと絶妙な議事進行にあると言えるでしょう。司会者はディスカッションの流れを遮断しない範囲で口を挟みながら、自分のペースにうまくもっていっています。この章をセクションごとに分析してみましょう。

Section 1
前のセクションでパネリストが一巡。
2番目の協議事項「Web2.0の長期的意義」についてチャド・ハーリーに質問。

↓

Section 2
唐突にWikipediaを持ち出し話の流れを変える（事前に考えていた誘導方法？）。
But, so, this is also business. と3番目の協議事項「Web 2.0の商機」につなげ、Bust 2.0というキーワードを用いて「バブルじゃないのか？」と問い掛け、反論を期待。

↓

Section 3－4
ビル・ゲイツに、Web 2.0は決してバブルではないことを、投資の増加やIT新興国の例を出させて語らせる（質問のBust 2.0というキーワードが結果的に効いてくる）。

↓

Section 5
唐突に、しかもGoogleの「グ」の字も出さずにユーチューブの買収額を持ち出す。チャドが巨万の富を得たというワイドショー的なネタで聴衆の興味を惹きつける。
Will you endure or are you gonna vanish? と、再び話題を2番目の議題に戻す。
Web2.0の寵児ともいえるチャドとカテリーナに、あえてその質問をぶつける。

↓

Section 6
それに対しチャド・ハーリーが優等生的な答えをする

　話題を変えるには、オーソドックスにLet's move on to the next subject. と切り出したり、That brings us to another point. などと今の話題と関連づけながら展開したりする方法がありますが、ピーターさんのように、唐突な例を挙げて参加者の注意を惹きつけながら、自分でコントロールできる質問をして次の流れを作っていくというのも、なかなか効果的な手法だと思います。

第5章
知恵の集まり
＝「集合知」の力

Photo by World Economic Forum

　Web 2.0時代において、消費者や個人が企業に対して果たす役割を、ナイキ社長のマーク・パーカーが語ります。キーワードは「インタラクティブな対話」（Section 1）と、不特定多数の知恵の集まりである「集合知」(Section 2)。
　続いて、ビル・ゲイツが来るべき「Web 3.0」について、自身の考えを述べます(Section 3-4)。

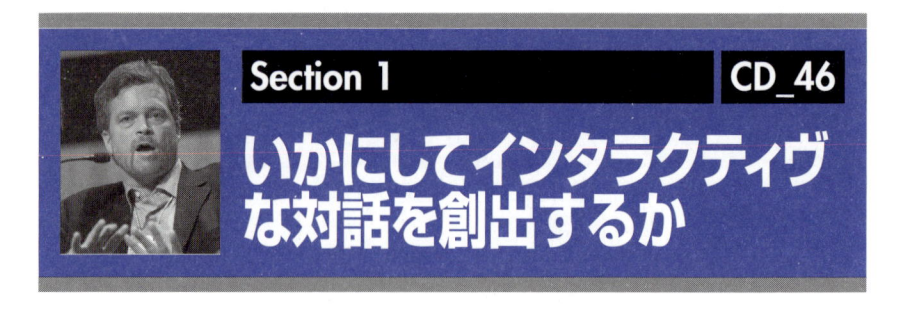

Section 1　CD_46

いかにしてインタラクティヴな対話を創出するか

Peter Schwartz:
So, Mark, are- are you seeing your customers surprising you in any new ways?

Mark G. Parker:
Oh, absolutely. We, uh, we certainly don't have this figured out, nor does anybody in my mind. It's an exploration[1] for us. **But one of the things that we're learning is how to create more of a two-way dialogue[2].** You know it used to be that companies, or brands, or organizations are feeding[3] a one-way, or just, you know, putting a one-way message[4] out there, but not really getting much back.

Now there's an interaction[5], and that's really changed, creating a whole new dynamic in how we and other businesses and organizations operate. I mean we're getting actionable insights[6] that really drive new products and new experiences.

And for us, that's really exciting. You know, somebody said in one of the sessions that there are a lot of creative, passionate knowledgeable[7] people out there. They don't all work for us. So actually, our ability to tap into[8] that collective intelligence[9] is incredibly powerful and exciting.

1) **exploration:**
「探検、探索」。

2) **two-way dialogue:**
「双方向の対話」。

3) **feed:**
「食べさせる、食べ物を与える」。

4) **one-way message:**
「一方向のメッセージ」。

5) **interaction:**
「相互作用」。

6) **insight:**
「洞察」。

7) **knowledgeable:**
「知識のある」。

8) **tap into ... :**
「～に入っていく」。

9) **collective intelligence:**
直訳すると「集団の知恵」だが、現在では「集合知」という言葉が使われている。

PART 2　Chapter V　知恵の集まり＝「集合知」の力

マーク・パーカー

POINT

But one of the things that we're learning is how to create more of a two way dialogue.

（今、われわれが学んでいることのひとつは、どうやったら双方向の対話をもっと創り出せるかということです）

　対話を創り出さねばならない、ということですね。この言いまわしは、いくつか論点を列挙する中で「特に大事なことのひとつは……」などと言いたいときに覚えておくといいパターンです。One of the things that ... is ...（〜した中のひとつは〜）、The most important thing ... is ...（〜した中で最重要なのは〜）などと応用できます。

「一方向から双方向に」、これがキーフレーズですね。

企業も一般の人たちに情報を一方的に与えるのではなくて、一般の人たちからの情報を受け取ることにも配慮が必要だと気付いたのが大きな変化です。誰でも情報を発信できるようになったことに、企業の側も対応が必要だということですね。

情報のやりとりが自由にできるようになったからこその発想といえるでしょう。

【訳】
ピーター・シュワルツ：
　マークさん、ナイキのお客さんは、これまでとは違ったやり方であなたの会社を驚かせているんですか？

マーク・パーカー：
　まったくその通りです。今、起きているようなことは想像もつかなかったし、私の考えでは誰も思いが及びませんでした。ナイキは探索中なんです。ただ、今、われわれが学んでいることのひとつは、どうやったら双方向の対話をもっと創り出せるかということです。ご承知のとおり、以前は会社なりブランドなり組織といったものが一方的にメッセージを送信し、あるいは、ただ提示するだけでした。しかし、相手からのフィードバックはあまりありませんでした。

　今はお互いに情報をやりとりする関係が存在します。本当に変わりましたよ。どうやってわが社や他の会社、組織を動かしていくかについて、新しいパワーを呼び込むのです。つまり、新製品や新たな経験を押し進めてくれる行動のヒントを得るというわけです。

　ナイキにとっては、とてもエキサイティングなことです。この会議の他のセッションで、外部には創造力、情熱、知識の備わった人たちがたくさんいると誰かが言ってましたよね。そういう人たち全員がナイキのために働いているわけではありません。だから、そうした「集合知」を活用できるというのは、信じられないほどパワフルでエキサイティングなことなのです。

Section 2 　CD_47
「集合知」という キーワード

Peter Schwartz:
Well now you used a very powerful phrase there, collective intelligence. So, i- i- is part of what we're seeing here, in fact, an expression of what amounts to collective intelligence? We had the- the interesting book published about a year ago, *The Wisdom of Crowds*[1].

Are we seeing in fact an expression of the ways in which people can express their judgments, use YouTube, Flickr, all the other social networking sites[2] to express their judgments of what's worth paying attention to, what are the interesting things?

1) ***The Wisdom of Crowds*:**
New Yorker 誌のビジネスコラムニスト、ジェームズ・スロウィッキーの著書。問題解決、改革推進、未来予言などに際し、大衆集団は頭脳明晰なひと握りのエリートよりも賢いと説く（邦訳『「みんなの意見」は案外正しい』、角川書店）。

2) **social networking sites:**
いわゆるコミュニティ型のウェブサイト。social networking service とともに SNS と略される。日本の代表的な SNS サイトには、mixi（ミクシィ）や GREE（グリー）などがある。

Photo by World Economic Forum

PART 2 Chapter V　知恵の集まり＝「集合知」の力
ピーター・シュワルツ（司会）

POINT
Well now you used a very powerful phrase there, collective intelligence.
（「集合知」という非常に力強い言い方をしましたね）

　相手の言った言葉をそのままそっくり使うのは賢い対処方法です。相手にちゃんと自分の話をしっかりと聞いているという安心感と好印象を与えます。話し上手な人は聞き上手でもあることがほとんどです。相手の言うことをしっかりと聞いて、それを受け止めて話を続けるというのが、対話の基本です。自分が発した問いかけに、相手から切り返された場合にも使えます。

- 「集合知」というのも Web2.0 を象徴する概念かもしれませんね。
- mixi（ミクシィ）などのソーシャル・ネットワーキング・サービス（SNS）が登場したおかげで、「集団の知恵」が効率的に集まるようになった。
- 検索エンジンもそうですよね。ヒット数やページランクは「集合知」の最たるものでしょう。
- そして今やそれがビジネスも左右するようになったんですね。
- そういえば、日本のことわざにも「三人寄れば文殊の知恵」というのがありましたね。
- はい、英語にも似たような言い方があります。Two heads are better than one.「相談するのが大事だ」という言い方です。
- 協力して知恵を出し合うのが成功のコツ、ということでしょうか。
- どんな仕事も基本は良好な人間関係から、というのは Web 2.0 の時代になってもあてはまりますね。

【訳】
ピーター・シュワルツ：
　「集合知」という非常に力強い言い方をしましたね。では、現在、われわれが目にしているものの一部は、実際に「集合知」とまで言えるものなのでしょうか？　1年ほど前に、*The Wisdom of Crowds* という興味深い本が出版されましたね。

事実、われわれが目の当たりにしているのは、ユーチューブやフリッカーや、その他のSNSサイトを使って、何が注目に値するのか、何が今、面白いのか評価する手段を言い表したものなのでしょうか？

Section 3   CD_48
Web 3.0は出現するのか？

Peter Schwartz:
Alright, we'll be happy to take some questions in a moment so i- i- if, uh, if there are folks[1] who have questions. There will be mikes being passed so, uh, in a moment[2] I'll be turning to the audience for questions. Just one more issue here.

So, is this just simply as Bill argued, just a natural continuity[3]? Or is there something else? Is there going to be a web 3.0? Are we just building yet for another stage? Or is this a- a continuous stream[4]? Bill?

Bill Gates:
Well I think if we call, uh, the next buzzword we pick is web 3.0, that shows a lack of creativity in buzzwords (Laughter). **I think we need a whole different word, now it'll come at an artificial[5] point in time with an artificial definition.**

1) **folks:**
「人（アメリカ口語）」。

2) **in a moment :**
[すぐに、即座に」。

3) **natural continuity:**
「自然な流れ」。

4) **continuous stream:**
「連続した流れ、持続性」。

5) **artificial:**
「人工的な」。司会者が natural という単語を用いて「自然な流れ」といっているのに対して、不自然であることを表している。

PART 2　Chapter V　知恵の集まり＝「集合知」の力
ビル・ゲイツ

POINT

I think we need a whole different word, now it'll come at an artificial point in time with an artificial definition.

（今度はまったく異なる用語が必要だと思います。それは不自然なタイミング、不自然な定義で現れるでしょう）

　この文章で目をひくのが、a whole different word と it'll come です。a whole different word というのは、まったく違った言葉によって、違った見方が開けることを暗示していますが、それが it'll come と表現されています。

🧑 It will come.か。いい考えが浮かばなくて悩んでいるときに、急に視界が開けるようにわかった、と思うことがたまにあります。そういう感覚でしょうか。

👩 そうそう。ずっと昔のこと、ピアノのお稽古が全然うまくいかず、何度練習しても自分が弾きたいイメージにならないで、泣きべそをかいていたときのこと。先生が一言、こう言いました。
Don't worry, it will come.（心配ないわ、弾けるようになるから）
今にして思うと、It will come with practice ...（弾けるようになるから、練習すればね……）ということでしたね。でも、勇気づけられました。いつもというわけじゃないけど、努力して練習を重ねていると、ぱっと何段飛びで上手になった、ということがときにはあります。

🧑 語学の学習と楽器の演奏には相通ずるところが多々あると思います。そもそも、両方とも「音」を正確に聞き取るところからのスタートという点が大きな共通点ですね。

【訳】
ピーター・シュワルツ：
　それでは、あと少しして質問のある方がいたらお受けしましょう。マイクを回しますので、そうしたら質問をお受けします。その前にもうひとつだけ。

　さて、これは、ビル（・ゲイツ）が言ったように、単に自然な流れなんでしょうか？　それとも、何か他のものがあるのでしょうか？　Web 3.0 が出現するのでしょうか？　次の段階を作り上げているところなのか？　それとも継続する流れなのでしょうか？　ビル、どうですか？

ビル・ゲイツ：
　そうですね、もしわれわれが選ぶなら、次の流行語は Web 3.0 というところでしょうか。それだと創造性のかけらもない流行語ですね（笑）。今度はまったく異なる用語が必要だと思います。それは不自然なタイミング、不自然な定義で現れるでしょう。

Section 4　CD_49
効果が蓄積され、新たな変革が生まれる

Bill Gates:
But certainly, as you get 3D as part of the experience, as you get speech as part of the experience, as you overthrow [1] the, think textbooks have to be on paper, periodicals [2] have to be on paper, T.V. as a broadcast medium, as you radically change those things, and you make these matching of buyers and sellers more and more efficient, then we've got to have some demarcation where we go 'Wow!' [3].

Because even though it's year by year, the-the sum of the effect, as, you know, broadband gets cheaper, young people are more comfortable [4] with this thing, every device [5], phones, games, PCs, all connected to it. It's such a small percentage of what it will be, so I'd say we'd have room, uh, in the next ten years for at least four more buzzwords (Laughter).

1) **overthrow:**
「放り投げる」。

2) **periodical:**
「定期発行の、定期刊行物」。

3) **as you get 3D…, as you get speech…, as you overthrow …, as you radically change …, , then we've got …:**
「〜するにつれ」×4（従属節）+「〜をしなければならなくなる」（主節）という構造になっている。

4) **comfortable:**
「心地よい」。何かをやったり、どこかにいたりして違和感がない状態を指す。

5) **device:**
「装置、(コンピュータの)デバイス」。コンピュータに搭載された装置、および接続された周辺機器。

Photo by World Economic Forum

PART 2　Chapter V　知恵の集まり＝「集合知」の力
ビル・ゲイツ

> **POINT**
> **Because even though it's year by year, the sum of the effect, as, you know, broadband gets cheaper,**
> （毎年、徐々にですけど、ブロードバンドが安くなるにつれてその効果は蓄積されていくのです）
>
> 　経験を蓄積していくことの効果をこう表現しています。ここで説明されているのは、人間の行動を大きく変えるような累積効果のことです。いかにもゲイツ氏らしく、ITの最先端に立って世界を変えてきた、という自負を感じさせます。
> 　gets cheaperという最後の部分、文法的に正しく言うならば which one connected to it が入らないと、欠落した感じが残りますが、会話だとこのような省略（omission）はよくあります。話しの流れをフォローしていれば文脈で理解できます。

　we go 'Wow' とは、かなりカジュアルな言い方ですね。

　うーん、どこかの時点で「やった！」と言える、まるで、「ポン！」と栓を抜くみたいに力が爆発する、ということでしょうね。

　そこまでいくには、蓄積が大事ということですね。英語の勉強もそうなのですね、きっと。わからない、わからない、あるいはうまくならない、といじけている時期に、本当に大切な実力が実は少しずつ身についている。栓が抜けるみたいにパッと視界が開けるとき、ここでいう「新たな変革」が英語の勉強の上で、実感できると思います。まさに「継続こそ力なり」です。

　言い古されたことですが、外国語学習は本当に反復練習をいかに動機付けをもって、「面白く」行うかがカギだと思います。

【訳】
ビル・ゲイツ：
　でも、3Dを体感したり、こうしたスピーチを経験したりして、教科書は紙に印刷されていなければならない、定期刊行物は紙に印刷されていなければならない、テレビは放送メディアとして存在しなければならないという考えを捨てて、これらのことを根本から変え、買い手と売り手をますます効率よく結び付けていけば、確実に、どこかで今までの変革とは違う「やった！」と言える段階に到達するでしょう。

　毎年、徐々にですけど、ブロードバンドが安くなるにつれて、その効果は蓄積されていくのです。若者はあらゆる機器—電話、ゲーム、パソコンといったものが一体化していくことに違和感を覚えずにすんなり入っていきます。これはまだ変革のごく一部ですから、今後10年間で少なくともあと4つは流行語が生まれる余地はあるでしょうね（笑）。

Googleとダボス会議

第4章でGoogleがYouTubeを買収した話題が出てきた際（p.164参照）、司会者がSergey and Larry are very bright, but they're fairly young.（セルゲイとラリーはとても聡明だけど、まだかなり若い）と話していましたが、セルゲイ・ブリンとラリー・ペイジ（ともに1973年生）がGoogleを創業したのは1998年、スタンフォード大学の博士課程に在籍していた時のことでした。

実は、このふたりも過去にダボス会議のパネリストとして参加したことがあり、今回も足を運んでいました。

セルゲイ・ブリン（左）とラリー・ページ（右）
Photo by World Economic Forum

優れた技術開発能力を武器に、瞬く間に世界で最も人気の高い検索エンジンとなったGoogleは、「検索」という行為によってわたしたちのライフスタイルを変えてしまった感があります。そして、日々、世界の情報を体系化し、更新し続けています。ちなみに、Googleという名前は、10の100乗を表す数学用語googol（グーゴル）に由来すると言われています。

また、Eric Schmidt is a doer-serious person.（エリック・シュミットはまじめで堅実な人です）と評されていたGoogleの現会長兼CEOのエリック・シュミット（1955年生）は、もともとコンピュータの技術者として研究所やサン・マイクロシステムなどで、技術開発や経営戦略に携わっていました。エリック・シュミットもダボス会議の常連であり、今回は共同議長に名を連ねていました。

Photo by World Economic Forum

質疑応答編

Q&A

Photo by World Economic Forum

　さて、白熱したパネル・ディスカッションは一段落し、会場からの質疑応答に入ります。単に、質問に対して指名されたパネリストが答えるだけではありません。質問で出されたテーマについて、パネリスト間で活発な意見交換が行われます。
　会場からの鋭い質問にパネリストたちがどのように回答をするか、その回答を受けて、司会者がどのように議論を展開していくのかといったことに注目してみましょう。

質疑応答の基本的なポイント

　わが国で質疑応答の場としてまず思い浮かぶのが株主総会。場合によっては延々と続くこともありますね。しかし、顧客向け説明会のようなケースでは、一般的に、質疑応答はいわばプレゼンの後の軽いデザートといった感じです。

　一方、欧米のプレゼンテーションやパネルディスカッションでは、わが国に比べて質疑応答の時間をたっぷり取る傾向があります。例えば、全体で1時間半であれば、プレゼン1時間、質疑応答30分といった割り振りが普通。デザート重視のカルチャーです。

　質問も多岐にわたり、その質問を受けてまた新たなディスカッションが展開するというケースも珍しくありません。本セッションでも、質問を受けて活発な議論が行われています。ここでは、会場から寄せられた質問のうち、次の3つを取り上げます。

Q1. Web2.0は社会に本質的変化をもたらしたのか？
Q2. ウェブ上の著作権に関する問題の解決法は？
Q3. Web2.0現象はメディアに取って引き起こされたにすぎないのか？

　このセッションのQ&Aでまず感じるのは、われわれの感覚からすると質問が長いということではないでしょうか。文化の違いによるところが大きいのかもしれませんが、会場からの3つの質問を比べてみて、参考にできるところはないか考えてみましょう。

　答え方についてはどうでしょうか。各パネリストたちは司会者や会場から、答えにくい質問を投げ掛けられています。そのような場合、どのように受け答えるか、世界のトップリーダーたちの実例をみてみましょう。

　最後に、パネリストの回答を聞く際のポイントについて触れておきましょう。
　突っ込んだ質問に対する回答は、洋の東西を問わず玉虫色。ポイントとしては、回答者の本音はどこにあるのかを聞き逃さないようにすることです。

　ただでさえ外国語なのにそんなこと言われたって無理、という読者の皆さんの声が聞こえてきそうですね。しかし、本音は文章に表れるだけではありません。人間の気持ちというのは、顔の表情や体の動き（残念ながら本書ではわかりませんが）、答えるときの間の取り方、声の張り、抑揚、口調といったさまざまな部分に出てくるものです。パネリストが発する雰囲気を感じながらCDを聞き、相手の発言のニュアンスを感じ取ってみてください。

質疑応答編

第6章
Q1. Web 2.0 が社会にもたらした本質的な変化とは？

Photo by World Economic Forum

「Web 2.0 は社会を変えたのか？」という質問に対し、ビル・ゲイツとヴィヴィアン・レディングが答えます。

ビル・ゲイツは empowerment というキーワードを用い、「社会を変えているのではなく、人々に表現する場を与えている」と回答。さらに、今後は「教育」と「医療」の分野にチャレンジしていくと語ります。

ヴィヴィアン・レディングはフセイン元大統領の処刑と、それをめぐる Web 2.0 的な事象について、政治家としての立場から発言します。

Section 1 CD_50
エンパワーメントのツール

Q1:
Uh, hi, I'm Jeff Jarvis, uh, blogger, Buzzmachine.com. Yesterday, I thanked Chad for changing the world, uh, because I think giving everyone a voice is important so considering where we are. Um, and Mr. Gates, you certainly changed the world already, uh, and are doing so next generation in Gates 2.0 now.

Um, I'd be- I'd like to have you stretch out in a bit of absurd [1], hubristic [2] thinking for just a second and say, we know all have the tools have changed, we know we all have a voice. **What are the fundamental changes in society** going back to the- the name of the platform of the, of the panel [3] here? What are the fundamental changes in society you see happening as a result? What are the things totally new that this enables? [4] Mr. Gates, Hurley, running order.

Bill Gates:
Well, these are tools of empowerment. So, in essence [5] we're not changing society, of course, yes, you create large phenomena around these things but we're letting people who want to communicate in a distance, want to find people who have common interest, want to sell their old junk in their house, or see goofy [6] things. We're letting them express those interests [7].

1) **absurd:**
「馬鹿げた」。

2) **hubristic:**
「傲慢な」(hubris「傲慢」)。

3) **the name of the platform of the panel:**
「パネルのプラットフォームの本質」。つまり、パネリストの一致した見方。

4) **What ... that this enables?:**
(直訳)これが可能にさせる〜は何か。This enables ... totally new (これが〜をまったく新しくすることを可能にさせる)という平叙文が疑問文となったもの。

5) **in essence:**
「本質的には、本当は」。

6) **goofy:**
「くだらない、アホな」。

7) **let A express B:**
「AにBを表現させる」(letは使役動詞)。

PART 2　Q & A　Web2.0 がもたらした社会的な変化とは？
ビル・ゲイツ

POINT

What are the fundamental changes in society？（社会の中で何が本質的に変わったのでしょうか？）

　チャドとビルのふたりをもちあげた上で、社会の本質的変化に関して質問しています。次のふたつの文章で同じことを別の言い方で繰り返しています。くどいといえばくどいですが、別の言葉で置き換えて繰り返すことにより、質問を明確にするテクニックのひとつとして覚えておきましょう。

- 最初の質問者ということを意識しているせいか、議論のポイントを最初にまとめている。
- 確かにチャド・ハーリーのポイントである give everyone a voice と、ビル・ゲイツの主張する change the world という部分をうまく盛り込みながら質問に入っています。
- 質問者は、Web2.0 を Gate2.0 とまで言い換えてヨイショしているほか、自分の質問についてはずいぶんへりくだった言い方をしていますね。
- 自分の考えを 'absurd, hubristic'（ちょっぴり馬鹿げて傲慢）という前置きしている部分ですね。相手の意見に対し敬意・賛意を表した上で質問したり意見を言ったりすることは、プラスになってもマイナスになることはないでしょう。

【訳】
質問者１：
　Buzzmachine. com というブログを開設しているジェフ・ジャービスと申します。昨日、世界を変えてくれたチャドに感謝を込めて挨拶しました。現状では、誰もが発言できるようになることは大切ですから。そして、ゲイツさん、あなたは確かに世界を変えた上、Gates 2.0 とでも呼ぶべき次世代モデルに今は取り組んでいらっしゃいます。

　ここでちょっと、皆さんに不条理で傲慢な考えを披露していただき、道具が変わり誰もが発言できるようになったなんてことはわかっていると言っていただきたい。その場合、このパネリストの一致した見方として、社会で起きている本質的な変化とは何でしょうか？　その結果、社会にどんな変化が起きていると見ていますか？　このことがもたらすまったく新しいものとは何でしょうか？　ゲイツさん、ハーリーさんの順番でお願いします。

ビル・ゲイツ：
　これらは、人々に権限を与えるツールなのです。従って、本質的には、われわれは社会を変えているのではありません。もちろん、これらをめぐり大きな現象が起きていますけれど、離れた人とコミュニケーションをとりたい、共通の興味を持った人を見つけたい、家の古いがらくたを売りたい、くだらないものを見たいといった人たちに、そういった関心を表現する場を与えているということです。

Section 2

教育と医療に革命をもたらすブレークスルー

CD_51

Bill Gates:

Now whether not that can't… uh, let's society do really new things, can it revolutionize education if you get digital curriculum that is more engaging for students, more based on their level and according to the things they already understand. Can you get people to see a poor person three thousand miles away, and they're willing to give them a loan [1], because, you know, they see their story, and they know that they can connect up and see the good results because of that.

Do we take, you know, some national boundaries [2] and distance and lower them? Do we take complex topics that the people have a hard time understanding now and use the internet to let something like the craziness [3] of the budget or aide or the tax code put people off where they don't really feel like they can know what's going on? **There's incredible promise in the two areas, I think, that be at the top of my list, education and healthcare** [4] to use these breakthroughs [5] to revolutionize [6] those two fields. That is mostly still in front of us [7] today.

1) **loan:**
「(何かを) 貸すこと、(銀行の) 貸し出し」。

2) **boundary:**
「境界」。

3) **craziness:**
「気違い」。ここでは、難解さが気違い沙汰なことを指す。

4) **healthcare:**
「医療、健康管理」。

5) **breakthrough:**
「難関突破、躍進、進歩」。

6) **revolutionize:**
「大変革をもたらす」。(revolution 革命)

7) **be in front of us:**
「われわれの前にある → これからの課題である」。

PART 2　Q&A　Web2.0 がもたらした社会的な変化とは？
ビル・ゲイツ

POINT
There's incredible promise in the two areas, ... education and healthcare
（私の最優先事項である教育と健康の分野には、想像を超えた約束がされています）

　話している本人は意識していないと思いますが、「ふたつある」と言って聴衆を引き付けておいて、「それは教育と健康」という種明かしをする 2 段構えの言いまわしとなっています。There are two important things: credibility and reputation.（ふたつの重要なことがある。それは、信用と評判だ）といったふうに応用できます。

　ビル・ゲイツというと、ボランティア活動でも知られていますが、夫人のメリンダさんと「ビル・アンド・メリンダ財団」を運営していますね。
　はい。ささやかでもいいから、何か社会に貢献できる人間になって欲しい、教育者のはしくれとして学生にそう願っていますが、ビル・ゲイツはいわばその究極の姿です。

ビル・ゲイツと夫人のメリンダ・ゲイツ
Photo by World Economic Forum

【訳】
ビル・ゲイツ：
　社会が本当に新しいことを始めることができるものかどうか見てみましょう。もしカリキュラムをデジタル化して、学生にとってより魅力的で、もっとレベルにぴったりで、既に理解していることに合ったものにすれば、教育改革は実現できるのでしょうか？ 3 千マイル離れたところにいる貧しい人のことを人々にわかってもらうことができるでしょうか？　それを知って、彼らに貸し出しをしたいと思う人たちがいるのです。というのも、彼らが結びつくことで、結果がよくなることを知っているからです。

　国境や距離は縮めることができるでしょうか？　理解するのに時間のかかる複雑な話題を取り上げて、予算、支援、税法といった難解すぎて何が起こっているかわからないようなことをインターネットを使って何とかできるでしょうか？　私の最優先事項である教育と医療というふたつの分野には、想像を超えた約束がされています。それはこの分野を改革するために、こういった解決策を用いるということです。それは大部分まだこれからの仕事です。

185

Section 3　CD_52

政治家としての関心と不安

Peter Schwartz:
Well, look we just had a really interesting example and I'd like to ask Commissioner Reding. Uh, we had a rather dramatic, in a sense, Web 2.0 moment a few weeks ago with the hanging [1] of Saddam Hussein. Mmkay [2], here was news that was attempted [3] to be controlled then. Somebody in there with a camera managed to [4] get the pictures and upload the pictures and suddenly the world was seeing what the United States and everybody else didn't want them to see. Um, are you worried as a politician about what we're going to find out?

Viviane Reding:
I am fascinated [5] as a politician and worried in the same time. I am fascinated because this is a tool of transparency [6], and this will enable democracies even in countries where there are no democracies to make a very big step forward.

1) **hanging:**
「絞首刑」。

2) **Mmkay:**
「うーん、そうねえ」。Mm と Okay が組み合わさったもの。

3) **attempt:**
「試みる」。(例 attempted murder「殺人未遂」)。

4) **manage to ... :**
「どうにかして〜する」。

5) **fascinated:**
「魅了された、興味をそそられた」。

6) **transparency:**
「透明性」(transparent「透明性の高い」)。

PART 2　Q&A　Web2.0がもたらした社会的な変化とは？
ヴィヴィアン・レディング

> **POINT**
>
> ## I am fascinated as a politician and worried in the same time.
> （政治家として興味をそそられてもいるし、同時に心配でもあります）
>
> 　さすが政治家！　きわどい質問に対して断定を避けるうまいやり方です。Yes か No かの答えを求められたとき、シンプルに Yes and No と答えることもできますが、それではいかにも逃げている、あるいは優柔不断という印象を与えてしまいます。このように文章で実質的にどっちつかずの答えをするテクニックを学びたいところです。

　サダム・フセインの処刑映像、本当に衝撃的でした。

　はい、放送通訳の仕事で思いがけず大変な歴史に刻まれる映像を見ることがあります。かつてはスチル写真でした。ベトナム戦争のときの「ナパーム弾をあびて走る少女」、あるいはアフリカの飢餓を示した「少女を狙うハゲタカ」といった写真が脳裏に刻まれています。今は、脳裏に刻まれる「映像」の時代、しかもかつてのようにプロのカメラマンが撮った写真でなく、不特定の人が撮ったというところが特色でしょう。

　しかも音まで入っています。

　フセイン処刑のときも、最初は音無しの映像だったのですが、あとで音も入ったものが公開され、さらに衝撃的でした。

【訳】
ピーター・シュワルツ：
　非常に興味深い例があるので、レディング委員に聞いてみましょう。数週間前のサダム・フセインの絞首刑は、かなり劇的というか、ある意味では Web 2.0 的瞬間ともいえるものでした。放送を規制しようとしていたニュースを、その場に居合わせた誰かが、何とかしてビデオを撮ってアップロードした。突然、アメリカも、他の誰も見たがっていたわけではないものを世界は見ることになったわけです。政治家として、これから明らかにされることを心配していますか？

ヴィヴィアン・レディング：
　政治家として興味をそそられてもいるし、同時に心配でもあります。興味をそそられたのは、これが透明性のツールであり、民主主義のない国にとってさえも民主主義を実現するための大きな前進となるだろうという理由からです。

質疑応答ワンポイント１：答えにくい質問への対処方法

　セミナーのみならず、会議や商談の席で、答えにくい質問が飛んでくることがあります。やけどをせずにうまくかわす答え方についてみていきましょう。
　レディングさんは、フセイン絞首刑という生々しい事例を持ち出されたときに、fascinated と worried という言葉をうまく対比させながら、両方の面がある、と言って断定を避けていますね。まずは、

- **答えにくい質問が飛んできた場合は、なるべく断定は避ける**

という万国共通のルールを覚えておきましょう。

　ただし、逃げていると思われると逆効果です。レディングさんは、きちんと理由付けをして説得力を持たせています。

　また、What is the unemployment rate in Japan? (日本の失業率は何％ですか)と聞かれ、正確な数字はちょっと思い出せないというケースがあるとします。　会議や顧客訪問では I will get back to you on that.（それについては、追って回答します）と言っても構いませんが、連発すると相手も不安になります。特に、パネリストの場合は、何らかの回答をせざるを得ませんね。もし、大雑把な数字の見当がつくときは、

- **わからないとは言わずに、不安そうな顔をせず堂々と適当な答えをしてかわす**

ことを覚えておきましょう。

　ちなみに、off the top of my head という表現は、「頭のてっぺんから離れる→パッと思い浮かぶ」というニュアンスで、さらっと切り返すには打ってつけです。先ほどのようなケースで困ったときは、涼しい顔で次のように言ってみてください。

　Off the top of my head, I would say it is something like 5 percent.
　（確か5％くらいではなかったかと思います）

質疑応答編

第7章

Q2. Web上の著作権に関する問題の解決法は？

Photo by World Economic Forum

　いわゆる「デジタル著作権」の問題に関して、まずは何かと話題のチャド・ハーリーがユーチューブのスタンスを表明。続いて、ビル・ゲイツがiTunesの問題を、カテリーナ・フェイクがユーザー主導型の参加型メディアを、ヴィヴィアン・レディングがEUにおけるコンテンツのあり方を、マーク・パーカーが企業と個人との権利をめぐる関係を語ります。

Section 1 CD_53
著作権に関するユーチューブのスタンス

Q2:

Hi, uh, my name is Bill Rosenblatt. I'm a consultant in the digital rights arena and there're a couple mentions of this. We're having a session on this later this afternoon actually, and I'd like to sort of prequel [1] that by asking the question, particularly of Bill Gates, but anyone else who would like to respond. **What form do you think the solution to that problem is gonna take?** Is it gonna be technological? Is it gonna be through policy, through behavior modification [2], uh, social more modification? Uh, where do you think it's gonna come from?

Chad Hurley:

In terms of what we're doing, I mean we've been a market leader in terms of serving video around the world, but we have also been the most proactive [3] in terms of addressing rights issues. So, um, we're working on technology that will identify, uh, content that is copyrighted and we're opening up, like I've said [4], a new market opportunity [5] for the network studios and labels to leverage that so we, right now we're implementing audio fingerprinting [6] and the labels will be able to identify their music, they'll be able to claim this content and earn revenue against ads that are placed against these videos. And this is giving users a free and legal ways, uh, to be creative. We want to support that and we're just gonna expand on these ideas to bring more choice [7] for the users but also protect rights [8] for our partners.

1) **prequel:**
映画や物語などの「前編」のこと。「続編」をさすsequelとpre-という「〜の前」を指す接頭辞とを組み合わせた造語。

2) **behavior modification:**
「行動変容」。

3) **proactive:**
「先手を打つ」。reactive というと「後手」というイメージがあるので、ビジネスリーダーはよく、be proactive, not reactive と言う。

4) **like I said:**
「先ほど言ったように」。慣用句としてよく使う。

5) **a new market opprtunity:**
「新規市場機会」。

6) **audio fingerprinting:**
「オーディオ・フィンガープリント法」。どのオーディオがどの会社から出ているものなのか、特定できるようにする手法。

7) **bring more choice:**
「より多くの選択肢を導入する」。

8) **protect rights:**
「権利(rights)を保護(protect)する」。「(法的)権利」という意味の場合は、通常複数形。

PART 2　Q&A　Web上の著作権に関する問題の解決法は？
チャド・ハーリー

> **POINT**
>
> ## What form do you think the solution to that problem is gonna take?
> （問題への解決策はどんなかたちをとるでしょうか？）
>
> 「問題への解決策はどんなかたちで現れるのか？」と、まず疑問になっていることについて質問のかたちで出しておく。議論をうながすときに、このように質問で意見を問いかけるやりかたは、見習いたいものです。ディスカッションの司会者もよく使う方法ですが、議論がうまく発展するときは、それぞれの人がばらばらに意見をただ並べているのでなく、話がかみ合っているときです。話がかみ合うようにするには、いままでに出てきた要点について、他の人がどう思うのか問いかけるのはうまいやり方です。

チャド・ハーリーは、さまざまな具体例をあげて、非常に真摯に答えていると思うのですが、やはり、これは「想定内」の質問だからでしょうか？

そう思いますね。著作権の問題は、ユーチューブの最大の問題点のひとつなので、何かと質問されるでしょうから。

【訳】
質問者2：
　私はビル・ローゼンブラットといいます。デジタル著作権分野のコンサルタントを務めています。すでに何度かデジタル著作権の話は出ていますね。デジタル著作権については今日の午後、別途セッションで話し合うことになっていますが、そのいわば前置きとして、とりわけビル・ゲイツさん、あるいはお答えいただける方ならどなたでも、お願いできればと思います。問題への解決策はどんなかたちをとるでしょうか？　それは技術的に解決されますか？　政策を通して、行動変容によって、あるいは社会がもっと変わることによって解決されますか？　どこから解決の糸口がつかめるとお考えでしょうか？

チャド・ハーリー：
　弊社との関連では、ユーチューブはビデオ映像を提供することでは世界的に市場のリーダーであり続けていますが、同時に、権利の問題に対応することにかけても、いち早く行動してきました。著作権のあるコンテンツを特定できるような技術を研究中ですし、先ほど申しましたように、ネットワークスタジオや（レコード）レーベルにとって、ビジネスチャンスになるような新規市場機会を提供できるようにしています。オーディオ・フィンガープリント法を使って、レーベル側が自社の音楽を特定できるようにしていますし、そのコンテンツの権利を主張して、ビデオに付随する広告収入を得られるようにしています。このことで、ユーザーも無料で合法的にクリエイティブな手段が得られます。ユーチューブはそれを応援したいと思います。こういうアイデアを拡大して、もっとユーザーに選択肢を与えると同時に、パートナーに対しても権利を保護したいのです。

Section 2　CD_54
ビル・ゲイツと iTunes

Bill Gates:

Today, if you want a physical copy[1] of something, you don't worry as much that when you move to a different device, or you buy a new one that all of a sudden it won't be available and so whole digital rights thing, there certainly is technological innovation so you know if you buy a song, a movie, a book that on all your devices, you'll have it you'll never lose it, you can mess up your machine, forget to back it up, and you still won't lose all of that. So, that is very solvable, that can get done. Making it work across manufacturers [2], which, you can call that the iTunes [3] problem, that's a tricky problem, that's probably solvable. Getting the right ease of use and yet the enforcement piece that's a tricky balance and there's gonna have to be some creativity and work to make sure that that's done well because you never can inconvenience[4] users, and right now MP3 [5] is the convenient way to deal with music.

Peter Schwartz:

I must say I find this a difficult one to wrestle with[6] since iTunes, and **no offense**, Bill. I'm buying ten times more music than I used to because it is so much easier.

Bill Gates:

You are the one person that's buying more music. Congratulations. (Laughter)

1) **physical copy:**
「ハードコピー」。この physical は「物質的な、物理的な」という意味だが、実際に存在することを示す。会社では、Shall I email you the file or do you want a physical copy? （メールでファイルを送ろうか、それともハードコピーが欲しい？）といった会話が交わされる。

2) **work across manufactures:**
「メーカー間で互換性のある」。

3) **iTunes:**
iTunes（アイチューンズ）は、アップル・コンピュータ社の楽曲ダウンロード用ソフト。

4) **inconvenience:**
「不便をかける、迷惑をかける」。ちなみに、「便利になる」という意味の convenience という動詞は存在しない。

5) **MP3:**
音声の圧縮方式。MPEG-1 Audio Layer 3 の略。

6) **wrestle with ... :**
「(難問と) 取り組む」（wrestle「レスリング」）。

PART 2　Q&A　Web上の著作権に関する問題の解決法は？
ビル・ゲイツ

> **POINT**
>
> **no offense** （気を悪くしないでくださいね）
>
> きついツッコミに腹を立ててしまったら議論はできなくなってしまいます。そういうときにクッションとして働くのが、ちょっとした気遣いやユーモアです。No offenseも、それに対してビル・ゲイツが使ったCongratulations（それはよかったですね）も、会話ではよく使われる言い方。

- 司会者がビル・ゲイツに「気を悪くしないでください」と発言しているのが面白い。
- これだけズケズケ言う司会者が、妙に気を遣っているのは変な感じですね。iTunesでマイクロソフトに巻き返しを果たしたライバル会社の製品を使っているとはいえ、そんなに気を遣う必要あるのかなあ。
- ビル自身も、iTunes問題だと言っているわけですし、ここは、気を遣っているというよりは、気を悪くしないのを知っていてかましたジョークと言えるのでは？
- なるほど。司会者のユーモアには脱帽ですね。

【訳】
ビル・ゲイツ：
　今日では何かのハードコピーが欲しかったら、違うデバイスに移ったり、新しいものを買ったら急に使えなくなるなんてことを気にしなくても大丈夫になっています。そもそも、このデジタル著作権という問題は技術革新から始まっています。楽曲、映画、本が自分のデバイスにあれば、もうそれらを失くすことはありません。機械を壊したり、バックアップを忘れたりしたって、全部なくすということはありません。なので、この問題は解決が可能だし、実際に解決できるのです。メーカー間の互換性の問題がありますが、まあ、いわばiTunes問題と言ってもいいかもしれません。これはややこしい問題ですが、それもおそらく解決可能でしょう。適切に使いやすいようにするわけですが、どうやってそれを実現するのかが微妙なバランスの問題で、これこそまさにクリエイティブに解決せねばならない問題です。ユーザーに不便をかけてはならないですから、この点を首尾良くやりおおせねばなりません。現在のところ、MP3が音楽を扱うのには便利な方式ですね。

ピーター・シュワルツ：
　iTunes以来、本当にこの問題は難しいと思っていますよ。気を悪くしないでくださいね、ビル。ずっと簡単になったから、前とくらべて10倍も音楽にお金を使ってますよ。

ビル・ゲイツ：
　以前よりも音楽にもっとお金を使っているなんて、あなたくらいのものです。それはよかったですね。（笑）

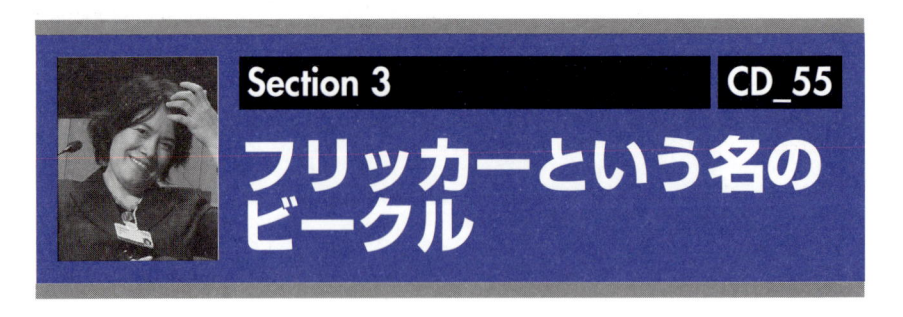

Section 3　CD_55
フリッカーという名のビークル

Peter Schwartz:
N-, I'm not so sure, right? I know lots of folks buying more music now as a result. Uh, Commissioner Reding.

Caterina Fake:
One of the things I think that's, um, that's happening is that we are seeing a lot more of what is called User-Generated Content [1]. I actually prefer the term Participatory Media [2]. On Flickr we are very much part of that whole movement, that whole trend, we make sure that all of the copyrights, um, the work of the people who are uploading to Flickr, continue to belong to the people who are uploading their work to Flickr and **we are providing a vehicle** [3] **for their work to get out to the rest of the world**, and I think this is a very significant piece [4] of the so-called Web 2.0 as well.

1) **User-Generated-Content:**
「ユーザー生成コンテンツ」。インターネット上でユーザーが作り出す情報。略称UGC。

2) **Participatory Media:**
「参加型メディア」。

3) **vehicle:**
「ビークル、手段」。vehicleには「乗り物」のほかに、「手段＝method」という意味がある。(例 The Davos Conference is seen as an ideal vehicle for discussing global issues.「ダボス会議はグローバルな課題を協議するのに理想的な手段と位置づけられている」)。

4) **piece:**
「ひとかけら、一部分」。

| PART 2 | Q&A | Web上の著作権に関する問題の解決法は？ |

カテリーナ・フェイク

> **POINT**
>
> ## We are providing a vehicle for their work to get out to the rest of the world.
> （作品を世界の他のところへ届けるビークルを提供しているのだと確信しています）
>
> フリッカー社長としての存在意義を自ら明らかにしている部分です。インターネットの普及によって何が劇的に変わったのか。その問いへのひとつの答えは、作品を不特定多数の大勢に対して発表できる機会が誰にでも訪れたということで、まさにその点をついています。平易な単語 work や get out を使っている点も注目。

🧑‍🦰 司会者がヴィヴィアン・レディングに話を振っているのに、カテリーナ・フェイクが割り込んでいますね。

👨 欧米では、ちょっとした間があると割り込まれる。いつか発言者に文句を言ったら、この「ちょっとした間」が耐えられないという答えが返ってきた。他の人に聞いてみても、どうも間があくとシラケ鳥が飛んでいるように感じて嫌みたいですね。

🧑‍🦰 われわれ日本人が会議で発言しづらいと感じるのも、言葉の問題だけではないということなんですね。でも、この場合は、とりあえず自分の意見を言っておきたいというカテリーナさんの積極性、裏返せば図々しさということになるのでは？

👨 確かにそうかもしれないですね。ちなみに、読者の方には顔の表情をご覧いただけないので残念ですけど、割り込まれたときのレディングさんの表情が、憮然としたりせず、余裕があるというか、順番をゆずるというか、とにかく素敵でした。

【訳】
ピーター・シュワルツ：
　うーん、そうですかね。もっと音楽にお金をかけるようになった人をたくさん知っていますし。レディング委員、いかがですか。

カテリーナ・フェーク：
　いま、起きていることのひとつは「ユーザー生成コンテンツ」がさらに増えていることだと思います。「参加型メディア」という言葉のほうが個人的にはいいと思いますけどね。フリッカーはそうした動き、そうしたトレンドの一部なんです。あらゆる著作権やフリッカーにアップロードしている人の作品が、彼らのものであり続けることを確信していますし、その作品を世界の他のところへ届けるビークルを提供しているのだと信じています。これがWeb 2.0と呼ばれるものの非常に大事な部分だと思います。

Section 4 CD_56
コンテンツは無料とは限らない

Peter Schwartz: Commissioner Reding?

Viviane Reding:
When I said that content must be accessible [1] online, that doesn't mean that content is always for free. **There is content which is for free if people want it to be for free.** They put it at the disposal [2] for free, but there is also, uh, um, um, uh, the copyright issue which is very high on the agenda [3]. We have issued study yesterday about Content Online [4] in Europe.

And we have seen that in the next five years, there is a four hundred percent increase of Content Online in Europe. Under the conditions that [5] we get the IPR [6] questions solved, now this is also different looking when it goes to the big media groups, or when it goes to the small producers because sometimes for small producers, even without the right IPR is a chance to get to a consumer. And it looks quite different when you are a big media group and you are relying not on going to the consumer but on being paid.

1) **accessible:**
「アクセス可能」。

2) **at the disposal:**
「自由に(なる、使える)」。

3) **be high on the agenda:**
「優先順位が高い」。類似表現に、be at the top of the agenda(最優先の)。

4) **Content Online:**
「コンテンツ・オンライン」は欧州委員会が推進するデジタルコンテンツに関するキャンペーン。

5) **under the conditions that ... :**
「〜という条件で」。

6) **IPR:**
「知的財産権」。Intellectual Property Rightsの略。

PART 2　Q&A　Web上の著作権に関する問題の解決法は？
ヴィヴィアン・レディング

> **POINT**
> ## There is content which is for free if people want it to be for free.
> （無料のコンテンツは無料で提供する人がいるから無料なんです）
>
> 　コンテンツの著作権はどうなるのか、というデジタル権利の核心問題を提起していますが、あくまで提供者の意志で無料になっているというのを確認しています。
> 　There is ... if ...　このパターン、覚えておきましょう。議論で相手の言い分を受けて、「しかし、この問題はこういう背景があって、こうなっているのです」と手短に効果的に指摘するのに使えます。

🧑 コンテンツ・オンラインとは欧州委員会がすすめるキャンペーンですね。

👤 はい。以下のサイトで案内を見ることができます。
http://ec.europa.eu/comm/avpolicy/other_actions/content_online/index_en.htm
映画や音楽などのデジタルコンテンツをオンライン上で配信する際の問題点を明確にして、著作権保護を促進するために、ヨーロッパの標準規格を定める必要がある。そこで一般の意見を公募しようとの試みです。

🧑 セキュリティ、プライバシーの保護、アクセス、サービスの互換性など課題がありますね。

👤 レディングさんも、アーティストやクリエイターが仕事に見合った報酬を着実に得られるかどうか気にしているようです。

【訳】
ピーター・シュワルツ：レディング委員？

ヴィヴィアン・レディング：
　コンテンツがオンラインでアクセス可能でなくてはならない、と申し上げたからといって、常にコンテンツが無料でなくてはならない、というのではありません。無料のコンテンツは無料で提供する人がいるから無料です。誰でも手に入るように無料で提供されています。ですが、一方で大きな議論になっている著作権の問題もあります。ヨーロッパにおける「コンテンツ・オンライン」の取り組みについて、昨日も検討を行いました。

　これから5年以内に、ヨーロッパの「コンテンツ・オンライン」は400％増加するという予想があります。知的財産権の問題を解決できるという条件付きですが、巨大メディアのグループが関わってくるのか、それとも規模の小さなプロデューサーの方向に向かうのかによって、問題は違った様相を呈してくるでしょう。というのは、小規模のプロデューサーにとっては、知的財産権がなかったとしても、ただユーザーにコンテンツをアクセスさせられるというだけでも、ビジネスチャンスだからです。それに大きなメディアグループで、ユーザーにコンテンツを無償で提供するのではなく、有料にしたいということに力点を置いているなら、また問題の解決の仕方は変わってきます。

Section 5

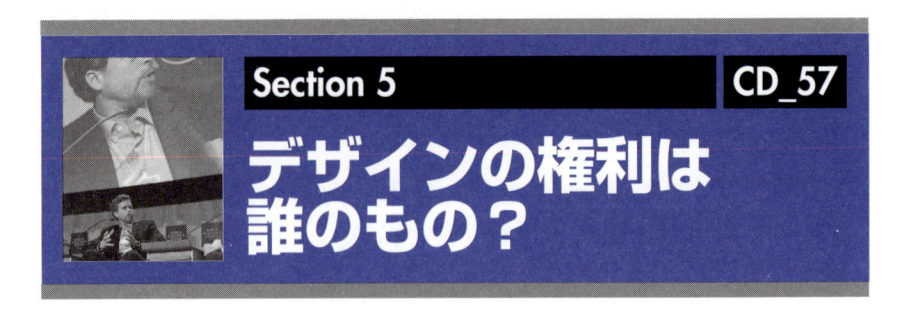

デザインの権利は誰のもの？

Peter Schwartz:
Mark, are you worried at all about the designs that people are coming up with, I mean, are, are they going to walk off with [1] Nike rights or are you going to try to capture [2] their rights? How do you deal with that?

Mark G. Parker:
Actually, not at all. We se-, and I said this before and I mean it, we embrace the input, the creative input that we get from people that wanna engage-

Peter Schwartz:
But I design a pair of shoes and you pick up my design, shouldn't I have a piece of the rights?

Mark G. Parker:
Well we, we offer you the opportunity to engage with Nike to design product. We set a framework of criteria [3] -

Peter Schwartz:
But if you sell it as shoes I design, do I get any money?

Mark G. Parker: No, you don't.

Peter Schwartz: Mmmmmm...

1) **walk off with ... :**
「〜を持ち逃げする」。

2) **capture:**
「捕獲する、ぶん捕る」。

3) **a framework of criteria:**
「判断基準の枠組み」。criterion「基準」の複数形。

PART2　Q&A　Web上の著作権に関する問題の解決法は？
マーク・パーカー

> **POINT**
>
> ## But I design a pair of shoes ...
> (でも、例えば私が靴のデザインをして……)
>
> ## But if you sell it as shoes I design, ...
> (でも、あなたが私のデザインした靴を売ったとして……)
>
> 　他の人の意見に、最も手っとり早く反論するには、このようにbutで割って入るのが効果的。また、ミーティングのときなど、このようなちょっとした文章を挟むことで、自分が参加していることをアピールする手段にもなりますね。

🧑‍🦰 マーク・パーカーの発言が2回とも司会者のButという言葉で遮られていますが、このことがふたりのやりとりをテンポ良くさせていると言えそうですね。

👨 関西人的な「ツッコミ」のノリですね。小刻みに質問を入れていくことによって、聴衆の興味を惹き付けておくことができるというメリットがあります。マークさんも、予想の範囲内とばかりに、変化球にもうまく対応しています。

【訳】
ピーター・シュワルツ：
　マーク、お客さんが生み出すデザインについて心配していませんか？　つまり、ナイキの権利を勝手に盗まれるのでは、持ち逃げされるのでは、と心配になりませんか？　あるいはナイキが彼らの権利を奪おうとしているんですか？　この問題にはどう対応されているのでしょうか？

マーク・パーカー：
　実際のところ、そんなことはありません。前にも言いましたが、クリエイティブで、関わりを持ちたいという方々からのご意見は、本気で何でも大いに歓迎しているんです。

ピーター・シュワルツ：
　でも、例えば私が靴のデザインをして、それをあなたが使ったとしたら、私も権利の一端を持っているのでは？

マーク・パーカー：
　あなたにナイキの製品をデザインすることに携わる機会は提供しますし、判断基準の枠組みを呈示します……

ピーター・シュワルツ：
　でも、あなたが私のデザインした靴を売ったとして、私にお金は入りますか？

マーク・パーカー：いいえ。

ピーター・シュワルツ：うーん……。

Section 6　CD_58
収入を共有する Revver という会社

Mark G. Parker:
You, you get the opportunity to wear something that you've created ...

Peter Schwartz:
Ah, yes but if Dennis [1] buys my shoes —

Mark G. Parker:
We're not selling your shoes to other people. Those are for you.

Peter Schwartz: How do I know that?

Dennis Kneale:
But some companies will come back and do that because look at Revver [2], Revver is a video site like YouTube, it's, it's far behind [3] YouTube, so one thing they've done to differentiate [4] is Revver shares ad revenue [5] from the home-made videos [6] that end up running on Revver, and they give a little cut of it to the provider and so you will see some companies do that, I believe.

1) **Dennis:**
Dennis Kneale (デニス・ニール) は「フォーブス」誌の編集部長。このセッションでは challenger という役割を果たし、司会とともに進行のアシスタントを務めている。

2) **Revver:**
「レバー」。カリフォルニアにあるユーザビデオ共有サイトの会社。投稿ビデオに報酬を支払う手法が特色。

3) **far behind ... :**
「〜より大きく遅れている」。

4) **differentiate:**
「区別する、差別化する」。

5) **revenue:**
「収入」。

6) **home-made video:**
「ホームビデオ」。

PART 2　Q&A　Web上の著作権に関する問題の解決法は？
マーク・パーカー

> **POINT**
>
> ## How do I know that? （どうやって確認できますか？）
>
> 相手の言ったことに対して、「本当にそうなの？　そういう保証はあるのですか？」と、確認するときに使える言い方です。きわめて単純な言いまわしですが、端的にポイントをついています。似たような言い方としては、
> 　Why do you want to do that?（なんでそんなことをするのですか？）
> が、相手の動機を問いただすときに使えます。簡単な言葉でずばり核心を聞くことができます。

🙍　Revver（レバー）は 2005 年設立という若い会社ですが、最近急成長しているとか。

🙎　まず自分のビデオをアップすると、Revver はそのビデオの最後に広告をつけ、ビデオが視聴された際に広告がクリックされると広告主が広告料の一部をビデオ提供者に支払うという仕組み。

🙍　高いアクセスを集める映像の制作者に報酬を支払うことは、理にかなっている気がしますね。

【訳】
マーク・パーカー：
　でもあなたは、自分で作ったものを身につける機会を得ますよ。

ピーター・シュワルツ：
　でも、もし私が作った靴をデニスが買ったらどうなります？

マーク・パーカー：
　あなたの作った靴は他の人には売りません。それはあなた個人のためのものです。

ピーター・シュワルツ：　どうやって確認できますか？

デニス・ニール：
　でも、会社によっては買い戻すというところもありますよ。Revver（レバー）を見てください。Revver というのはユーチューブのようなビデオサイトで、まあ、ユーチューブよりはずっと後発ですが、差別化を図るために、広告収入をマイビデオから共有できるとしています。Revver で取り上げられたビデオについては、プロバイダーにも一部を提供するということにしていますよ。そういうところも出てきていますね。

Section 7　CD_59
ユーチューブが収入を共有しなかった理由

Peter Schwartz:

I think that's a really big deal [1], and that spirit of generosity [2], that is in fact very much a part of the web, and I think Chris Anderson [3] was talking about that in his book on the "The Long Tail" [4] that those opportunities out there are a very, very small scale. **Chad, you wanted to throw something in there [5], and then we'll take a question over here, and here and then we're gonna run out of time.**

Chad Hurley:

Yeah, I was gonna say, uh, we, uh, weren't sharing revenue with our users because we didn't feel it was a great way to build a community. Um, we wanted to build a community that was passionate about video. It wasn't driven by monetary reward [6]. Um you really change, um, the dynamics of what really motivates people when you do that, so, uh, we wanted to keep it pure. But now I think we've, we've been able to create, uh, an audience large enough where I think we have the opportunity to support creativity, to foster creativity through sharing revenue with our users. So, in the next coming months, we're gonna be opening that up to the rest of our users.

1) **big deal:**
「大事なこと、大切なこと」。

2) **spirit of generosity:**
「寛容さの文化」。

3) **Chris Anderson:**
クリス・アンダーソン。アメリカのデジタルメディア雑誌 *Wired* 誌編集長で、「ロングテール」の提唱者。

4) **The Long Tail:**
「ロングテール」とは、「あまり売れない商品が、ネット店舗での欠かせない収益源になる」とする考え方。右頁の図のように、縦軸を販売数量(population)、横軸を商品名(product)とすると、売れない商品が恐竜の尻尾(tail)のように長く伸びていることから、このような名前が付けられた。

5) **throw something in there:**
「何か投入する、智恵を出す」。

6) **driven by monetary reward:**
「金銭の欲望により動かされている、動機付けられている」。

PART 2　Q&A　Web上の著作権に関する問題の解決法は？
チャド・ハーリー

> **POINT**
>
> **Chad, you wanted to throw something in there, and then we'll take a question over here, and here, and then we're gonna run out of time.**
> （チャド、ここで意見をさしはさみたいでしょう、そしてこちらの方、またそちらの方の質問をお受けしたら、もう残念ながら時間がなくなります）
>
> 　場の議論の流れを整理すると同時に、ディスカッションのとき大事な時間の管理をしています。誰がどの長さで話をするのか、ある程度、区切っていかないと意見を言える人とそうでない人が出てしまいます。公平に意見が活発に出るようにして、さらに会場からの質問を時間内におさめるのが、ディスカッションに必要な時間管理ですが、そのときに使う言い方です。

ロングテール　いわゆる売れ筋の商品はごくわずかで、残りは恐竜の尻尾のようにだらだらと続いている。

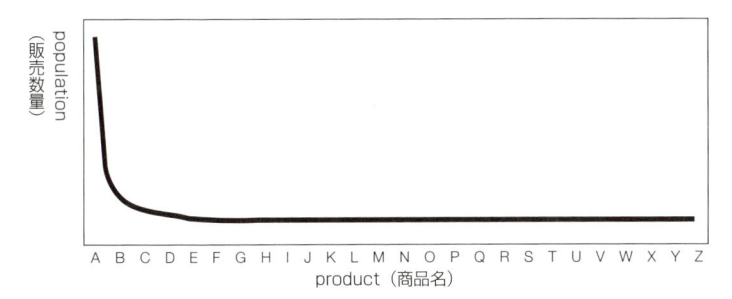

（population（販売数量）を縦軸、product（商品名）A B C D E F G H I J K L M N O P Q R S T U V W X Y Z を横軸としたグラフ）

【訳】
ピーター・シュワルツ：
　それはきわめて大事な点だと思います。寛容さの精神、それがウェブの大きな一部です。クリス・アンダーソンも「ロングテール」という著書でそのことに触れていました。今、得られる機会はひとつひとつがきわめて小規模なものです。チャド、ここで意見をさしはさみたいでしょう、そしてこちらの方、またそちらの方の質問をお受けしたら、もう残念ながら時間がなくなります。

チャド・ハーリー：
　ええ、言いたかったのは、ユーチューブがユーザーと収入を共有していない理由は、それがコミュニティを築く上で大事なことだと思わないからです。ビデオに対する情熱を共有できるコミュニティを作りたかったんです。お金によってつき動かされているのではなく、心からそうしたいと思って動かされているものにしたかったのです。コミュニティを純粋なままにしておきたかったんですね。でも、もう十分に多くの人に参加してもらえるようになったと思うので、これからは収入をユーザーと共有して、創造性をサポートして、育てていけるようにしたいと思っています。ですから、今後数カ月の内に、他のユーザーにもオープンにしていくつもりです。

質疑応答ワンポイント２：聞き上手は質問上手

　CNN の人気トーク番組ラリー・キング・ライブの司会者ラリー・キングは、放送業界で仕事を始めて 50 年になります。その人気の秘密はなんといってもラリー・キングの話し上手にあります。それは他の司会者と比べてみるとよくわかります。

　ラリー・キングの都合がつかず、代わりの司会者が出ているときは、ラリー・キングのときほど話がはずみません。話がはずんでいるときは、この Web2.0 の Q2 のセッションもそうですが、まるでテニスの試合でボレーが続くように、リズミカルに間髪を入れず、言葉が縦横に飛び交います。司会者がときには挑発的に、あるいは失礼かとも思えるくらいに刺激的な質問をしたりして、思うような方向にいくようにうまく誘導します。トーク番組を聞いている人も、そう、まさにその点を聞きたかったのだと納得の方向に導いていきます。

　しかも、決して長い質問はしません。「これが聞きたい」という肝心の点を簡潔に要領よく質問し、あとは話をじっくり聞く側に徹しています。一言でいえば聞き上手。ラリー・キング・ライブはゲストがひとりとは限りません。Web2.0 同様、ときにはパネル形式になっていて参加者が 5 人以上いることもあります。そのときに、ひとりだけに話させるのではなく、全員から話をひきだし、どうやったら話をはずませることができるのか、というポイントは、聞き上手になれるかどうかにつきると思います。そして、その聞き上手になれるコツが、質問上手かどうかだと、長年、ラリー・キング・ライブの放送通訳をやっていて実感します。

　それと同じことをこのセッションの質問者、ローゼンブラット氏と司会者のシュワルツ氏の質問ぶりから感じました。短い言葉ですが、的確な答えが引き出せるようによく工夫されています。また、回答しているチャド・ハーリー、ビル・ゲイツはじめ各氏も、話のキャッチボールがリズミカルに続くよう、長く話しすぎず、ユーモアをまじえて答えています。ひとりで話題を独占しない、自分がどういう役回りを期待されているのか、よく考えて話す。これはぜひ、見習いたいものです。

質疑応答編

第8章
Q3. Web 2.0 現象はメディアによって引き起こされたのか？

Photo by World Economic Forum

　Web 2.0 現象は本質的に異なるものをグループ分けしたにすぎず、安易なジャーナリズムによってけしかけられたにすぎない、という挑発的な質問に対し、「フォーブス」誌のデニス・ニール氏が、ジャーナリストとしてユーモア溢れる回答を披露。
　そして、司会者のしめくくりの言葉で、1時間におよぶセッションの幕が閉じます。

Section 1　CD_60
Web2.0は単なるグループ分けにすぎない？

Q3.
Stewart Butterfield, also from Flickr, Caterina's partner. This is for Mr. Kneale. You were playing the provocateur [1] at the beginning of the, of the panels; I'm gonna turn that back at you a little bit. Certainly from Flickr's perspective and the perspective of most of the companies that were identified as Web 2.0 early on, that was never part of our marketing, that's not part of our sales pitch [2]. This isn't a buzz phrase that we've created; this is a buzz phrase that you – maybe not you individually – created. And this is something that, for lack of… some lazy journalism, some shrewd [3] business editing…

Peter Schwartz:
Actually, Tim O'Reilly, I think, who first coined the phrase [4].

Yeah. Tim O'Reilly coined the phrase, but the popularity – the reason that we have the Web 2.0 session in the biggest room available here at Davos is certainly to be on the cover of magazines and we were on a – featured in a cover story…

Peter Schwartz: Make it brief, please.

All right, sure. **If I may say**, this phenomenon has been driven by facile [5] journalism, **I would say at least**, because there's a lot of things that we could say are popular websites now, and it's easier to identify those as a trend. To, say, group a bunch of disparate [6] things as "Web 2.0." I'm curious about, uh, your perspective on that?

1) **provocateur:**
「挑発する人」。(provocation「怒らせること、刺激、挑発」）。

2) **sales pitch:**
「売り込みのポイント、セールス材料」。この pitch は動詞としても使われる。How do we pitch the presentation?と言えば、「どんなトーンでプレゼンテーションを行うか」ということ。

3) **shrewd:**
「(ずる)賢い」。

4) **coin the phrase:**
「新しい造語を作る」。

5) **facile:**
「容易な、表面的な」。

6) **disparate:**
「本質的に異なる」。

PART 2　Q & A　Web2.0現象はメディアによって引き起こされたのか？

質問者3／ピーター・シュワルツ（司会）

> **POINT**
>
> ## If I may say, ... I would say at least,
> （言わせてもらいますと、少なくとも）
>
> 　安易に過ぎるジャーナリズムを批判する文章の前後に「緩衝材」として使っています。反論なり批判なり、言うべきことは言いたいけれども、相手の神経を逆撫ですることだけは避けたいといったときに、多少マイルドな味付けをしているわけです。われわれが外国語である英語で物を言うときはストレートになりがちですから、こうした枕詞を使ってみましょう。

いるんですよね、質問にみせかけて自説の演説をぶつ人って。

はい、通訳者としても困ります。こういう質問者がいると冷や汗ものです。質問はもちろん、原稿が事前に出ないですから。

こういうときに便利なのが、Make it brief.

はい。そうやってクギを刺してもそれでもなおかつ、パワフルにしゃべっているカテリーナ・フェイクさんの旦那さんでした。

【訳】
質問者3：
　スチュワート・バターフィールドです。フリッカーの社員で、カテリーナのパートナーです。これはニールさんへの質問です。ニールさんはパネルの冒頭で、挑戦者の役割をしていましたが、今度は、逆にちょっとお返しです。これは確かなことですが、フリッカーや、当初Web2.0業者だと思われていた大半の会社の視点からすると、Web2.0というのは決してマーケティングの一環でもなかったし、セールス・トークでもありません。われわれが作り出した流行語ではないのです。これは、あなたがたマスコミ―おそらくあなた個人ではないにせよ―が作ったものです。これは何か欠落した、ジャーナリズムの手抜き、狡猾なビジネス上の編集であって―

ピーター・シュワルツ：この造語を作ったのは、ティム・オライリーでしたね。

質問者3：
　そうです、ティム・オライリーが作った造語ですが、その人気ぶり―Web2.0のセッションがダボス最大の会議室で行われているというのは、間違いなく雑誌の表紙を飾るためであり、現にわが社はカバーストーリーで取り上げられましたし。

ピーター・シュワルツ：簡潔にお願いします。

質問者3：
　わかりました。言わせてもらいますと、少なくともこの現象は安易なジャーナリズムにけしかけられて起こったのです。というのは、今では人気があると言えるサイトはたくさんあり、これらを流行として識別するのは簡単なことだからです。いわば、本質的に異なるものをまとめてWeb2.0とグループ分けしているのです。これについて、あなたはどうお考えか、ぜひお尋ねしたいと思います。

Section 2　CD_61

メディアは真実を活字にするのではなく、みんなが話していることを活字にする

Dennis Kneale:

Um, **I entirely agree with you.** Look, we love to blame [1] the media because they make this happen, they make that happen. And you guys forget we don't print [2] the truth, we print what people tell us. We're writing about Web 2.0 because all you guys are talking about Web 2.0! And it turns out [3], if we really want to exist, let's face it [4], media exists to sell advertising, just like Google does, we gotta write something to bring your eyes [5] to the page, and we're interviewing people and we're writing what they're saying. So I'm not feeling any terrible moral burden [6] about having hyped [7] Web 2.0. But thank you. (Laughter)

Peter Schwartz:

Mark, I'm gonna give you the last word before we break, um, I remember when I got my first pair of Nike's and the world changed for me. I can remember what it was like in old sneakers and I remember when I got my swoosh [8]. And Nike changed the world of sports and for amateurs all over the world. All the rich people, all the professionals had great shoes, but the rest of us didn't. Uh, is Web 2.0 gonna transform Nike?

1) **blame:**
「非難する」。

2) **print:**
「活字にする」。

3) **turn out ... :**
「結果として〜となる」。

4) **let's face it:**
「実のところ（＝不都合なことでも、事実は事実として認めよう）」。

5) **bring your eyes:**
この場合は「読者の興味を引く」という意味。

3) **moral burden:**
「良心の呵責」。

7) **hype:**
「誇大宣伝する」。

8) **swoosh: :**
「スウォッシュ」は、ナイキのシンボルマークのこと。本来の意味は「シュっと音を立てて走る」。

PART 2　Q & A　Web2.0現象はメディアによって引き起こされたのか？
デニス・ニール／ピーター・シュワルツ（司会）

> **POINT**
>
> ## I entirely agree with you. （まったく同感です）
>
> 本当に心底同意しているかどうかは別にして、まず相手の言い分を認めるという姿勢は大切。仮に相手と違う意見を言う場合でも、I understand your point.（あなたのおっしゃるポイントは理解できます）と言っておくと相手の心証が違ってきます。あくまで人間は感情の動物だということをお忘れなく。

🧑 司会者は時間との兼ね合いで締めくくりに入っていますが、なぜ、マーク・パーカーに話を振ったのでしょう？　初めからこの締めくくり方は考えていたのでしょうか？

👨 あらかじめ「お前に振るぞ」というシナリオだったのかもしれませんね。そうでなければ、こんな歯の浮くような台詞がスラスラ出てくるのは、アドリブとは思えない。

🧑 やはりそうでしょうね。おまけに、このコンセプトが、次の司会者の締めにきれいに繋がっていきますから。

👨 マークさんの発言は、次のセクションに出てきますけど、カッコイインですよ。こういうこと堂々と言えるのは、やはりアメリカ人だなあ。

【訳】
デニス・ニール：
　まったく同感です。いかがでしょう、われわれはメディアをこぞって非難します。メディアのせいでこの現象が起きているのですから。われわれは真実を活字にするのではなく、人から聞いたことを活字にするのだということを皆さんは忘れていますね。あなたがたが Web2.0 について話しているから、われわれは Web2.0 について書いているのですよ！　われわれが本当に生き残りたいとしたら、実はこうなるのです。つまり、メディアはグーグル同様、広告を売らなければならないし、興味を引くようなものを書かなければいけない。また、インタビューをして相手が話す内容を文章にするというわけです。ですから、Web2.0 について大げさに宣伝したことに良心の呵責は感じていません。でも、ご指摘ありがとうございます（笑）。

ピーター・シュワルツ：
　マーク、セッションが終わる前に、最後にひとこと言わせてもらいましょう。初めてナイキの靴を手にしたときのことを覚えていますが、私にとって世界が変わりました。それまでの古いスニーカーがどんな感じだったか思い出せるし、ナイキのマークを手に入れて、歩くときにシュッと音をたてたことも覚えています。ナイキは、スポーツ界と世界中のアマチュアを変えました。金持ちやプロはいい靴を持っていましたが、われわれは持っていなかった。Web2.0 はナイキを変えますか？

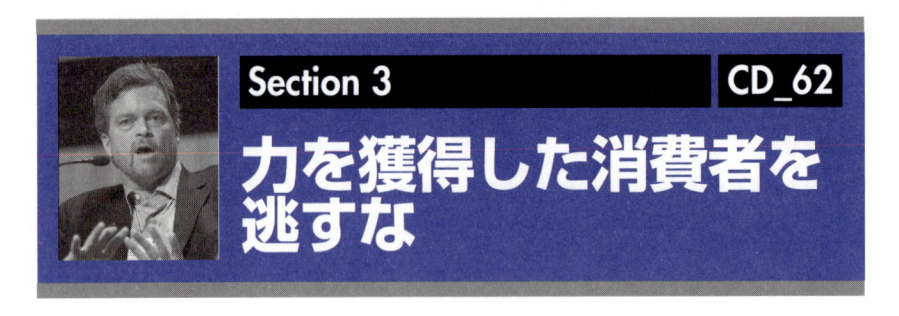

Section 3　CD_62
力を獲得した消費者を逃すな

Mark G. Parker:

I think it is. I think it's not just Nike, but hopefully other companies, organizations, NGO's [1], whatever around the world. I mean, I think **if you don't embrace this movement, this change, this access, this empowerment for consumers,** I think you're at risk. And potentially, and this is not an overstatement [2], it's deadly [3]. So I think it's-it's important for you to not only understand what this means, but how to actually make it work for you, and make it work for those who you are there to serve. So, that's important.

Peter Schwartz:

And I think that's a great place to end on and I must say I do think this is something quite fundamental. I think we are going through a revolution from the bottom up. I think this is about empowerment. This is about a big power-shift. It's a power-shift from large and central to small and distributed, but it's a new way of connecting the big and central to the small and distributed.

It will, I think, represent a huge challenge for companies like Nike and a number of others who have had that power for a long time and Chad and Caterina and others are putting power in lots of other people's hands and this is gonna be an interesting and dynamic game I think for some time to come. Lots of money to be made, lots of money to be lost, but in fact the power really is shifting. Thank you all, look forward to seeing you.

1) **NGO:**
Non Government Organization「非政府組織」。国際連合と連携を行う民間組織と定義されている。同一の団体・組織であっても、所属する国内の法人格としては NPO ((Non-Profit Organization, Non-Profitable Organization 非営利団体) ということが多い。

2) **overstatement: :**
「誇張」(⇔ understatement「控えめな表現」)。

3) **deadly:**
「致命的な」。

| PART 2 | Q&A | Web2.0現象はメディアによって引き起こされたのか？ |

マーク・パーカー

> **POINT**
>
> ## If you don't embrace this movement, this change, this access, this empowerment for consumers, ...
> （この動き、変化、アクセス、消費者による力の取得という機会を取り込まないとしたら……）
>
> 　このembraceの原意「抱きかかえる、抱擁する」がopportunityと一緒になると、「機会を取り込む」という意味になります。We should embrace this opportunity.（この機会を取り込むべきだ）といえば、前向きなトーンが伝わってきますね。類似表現に、Seize this chance/opportunity!（このチャンス・機会をつかもう）。

- 司会者のまとめにはダボス会議のテーマであったThe Shifting Power Equationに呼応する言葉が埋め尽くされていますね。
- bottom up、power-shiftなどと言いながら、それをinteresting、dynamicと形容し、最後にin fact the power is really shifting.とまとめている。
- ダボス会議のテーマに沿ったかたちでまとめるやり方は非常にうまいですね。
- それに、司会者の歯に布着せぬ話し振りのおかげで、セッション全体が非常に引き締まった感じになりました。

【訳】
マーク・パーカー：
　そう思います。ナイキだけでなく、他社、組織、NGOなど、世界中が変わってほしい。この動き、変化、アクセス、消費者による力の取得という機会を取り込まないとしたら、あなたがたはリスクにさらされると思います。誇張ではなく、潜在的には致命的です。従って、これがどういう意味かを理解するだけでなく、実際にどうやったら自分たちにとって役立つようになるのか、どうやったらあなたがたがサービスを提供すべき人のために役立つようになるのかを理解すること。そのことが大切なのです。

ピーター・シュワルツ：
　このへんで終わりにするのがちょうどいいタイミングのようですね。Web2.0は非常に本質的なものだと私は思います。下からの上への革命を経ようとしているのだと思います。これは、市民に対する権限の付与に関した事柄だと思います。大きなパワーシフトに関する事柄です。大きな中央から小さな末端への力の移行ですが、しかし、大きな中央と小さな末端を結ぶ新たな手法でもあるのです。

　これまで長い間力を握ってきたナイキや他の多数の会社にとって大きな挑戦です。チャドやカテリーナなどは、他の多くの人たちの手に権限を移行しつつあり、これからしばらくの間は興味深いダイナミックなゲームが展開されるものと私は思います。多額の利益が得られ、多額の損失が出るでしょうが、力は確実に移行していきます。ご清聴ありがとうございました。またお会いできることを心から期待しております。

質疑応答ワンポイント３：質問の仕方のちょっとした工夫

　この章の質問（Q3）は、さすがに欧米の感覚でも長がったとみえて、司会者もたまらず Make it brief, please. というイエローカードを出しています。そもそも、なぜこんなに質問が長いのでしょうか。その理由のひとつと考えられるものを、個人的体験から挙げてみたいと思います。

　柴ちゃんがロンドン勤務で初めてセミナーに出たとき、当時のイギリス人の上司は、「質問＝われわれの会社のPR」という方定式を説明し、
　There is a stupid answer, but there is no stupid question.
　（バカな答えはあるけど、バカな質問というのはないんだよ）
と言って、会社名を名乗ったうえで何か質問をするよう私に指示しました。この章でも、質問者は印象点を稼ぐために頑張っている感じがしますね。質問は付け足しといった感じです。

　また、あるセミナーでは、自分の意見を長々と披露した人に対し、パネリストが、Is it a question or your opinion?（これは質問、それともあなたの意見ですか）と聞き返し、会場の笑いを誘っていたこともありました。こういう場面では、

・質問をする場合は、自分の意見を述べる場でもあることを意識して質問する。

という点を、頭の片隅に置いておきましょう。

　逆に質問を聞き取る場合は、

・どこまでが自己PRで、どこからが質問なのかに注意する

ということでしょうか。もし、質問の趣旨がはっきり理解できない場合は、回答もスライスしてしまいます。そんなときは思い切って Your question is …？といって再確認してみましょう。違っていれば相手は修正するし、OKであれば安心して答えられます。

本書のまとめ

■ ダボスの英語はいわば「高級フランス料理」

本書で世界を動かすリーダーたちが使う英語は相当ハイレベルですから、集中力と忍耐力との勝負という個所も相当あったと思います。まずは、最後までお付き合いいただいた読者の方々に、「お疲れさま」と言いたいですね。

大変とはいっても、個々のパネリストは魅力的な個性の持ち主ばかりですから、彼らの話術、会議の雰囲気や臨場感を楽しんでいただけたのではないでしょうか。また、英語もさることながら、私が冒頭に申し上げた「英語を通じてみる視点」と

Photo by World Economic Forum

いう面でも勉強になったと思います。ダボス会議がどんなものか、世界を動かすリーダーたちはどう考え、どう行動しようとしているのか、といった点でも理解を深めてもらえたら嬉しいですね。

確かに、英語・話題ともにヘビー級。でも、さすがにみな超一流のスピーカーだけあって、多少難しい言い回しやジョークがあっても、発言の趣旨や本人の主張ははっきりしているので、何とかポイントはつかんでいただけたのではないでしょうか。

また、今後、外国人とコミュニケートする上で必要な物事のとらえ方、今後の世界を見極める選球眼も養っていただけたのではないかと思います。私は冒頭で「学習の素材」が大切と申し上げましたけど、ダボス会議は、料理に喩えれば、ミシュランの星付きの高級フランス料理という感じかな。彼らの話術、議論の進め方などからも、われわれが学ぶべきノウハウやスキルはたくさんあります。

■ 目指すべきはヴィヴィアン・レディングさんの英語？

　なるほど、われわれは最高の料理を味わうことができたわけですね。さて、ここで、スピーチを振り返りながら、外国語として目指すべき英語はどんな英語なのか、ということについて考えていきましょう。
　ブレア首相やブラウン財務相のような堂々とした主張の展開、ローラ・タイソンのような論旨の明快な意見、ピーター・マンデルソンやイアン・デイビスのような沈着冷静な物の言い方、ビル・ゲイツのような自信に裏付けられた自由奔放な発言、そして、ピーター・シュワルツのような聴衆の興味を引き付けながらセッションをリードする司会ぶり……どれも魅力たっぷりです。でも、よくみていくと、ネイティブでさえ文法的に正しいきちんとした文章を話しているとは限らないということがおわかりでしょ？

　なるほど、われわれが前著『リーダーの英語』で取り上げたようなスピーチは、一部の即興を除いて、すでに原稿があってスピーチの練習を重ねているだけに、ウーとかハーとか言ったり、途中で言い直したりということはあまりないけど、パネルディスカッションの場合は、どこで切れるかわからないような文章が長々とあったり、述語が抜けていたり、途中で詰まって言い直したり……なんて思う個所が見られました。私が普段仕事で接する英語も同様です。ずいぶん乱暴な英語だなあ、なんて思うことも。
　われわれが学校で英語を習った時代には、英文法をしっかり教わりましたから、文法的に正しいという確信がないと自信が持てなくて発言できない。ワイシャツのボタンがずれていると落ち着かないんですね。

Photo by World Economic Forum

そこは発想を変えて、相手に正しく伝わるように意見を述べる、つまりコミュニケーションというポイントが最重要だと認識をすることが必要です。

その意味でわれわれがお手本とすべきは、ヴィヴィアン・レディングさんの英語ではないでしょうか。彼女の英語には、ドイツ語に近いといわれるルクセンブルグ語から来ると思われる言い回し、in（⇒正しくは at）the same timeのように、文法的には明らかに違うと思われる個所もあります。しかし、そんなことは、この場では誰も気にしていません。

Photo by World Economic Forum

司会者からどんなに失礼なことを言われても、自分に聞かれたときに誰かに割り込まれているときでさえ、余裕をもって堂々と振舞い、自分の意見を丁寧に、しかも明確に主張している。一方で、際どい質問はサラッとかわしている。要は、「自分らしい英語」を前面に出しているのが、彼女の個性と相まって、説得力を倍増しているんだと思います。

同感です。彼女は、世界の大物ビジネスリーダーたち―しかも、すべてアメリカ勢―に取り囲まれて、Web2.0の世界では明らかにアメリカに後塵を拝する欧州の代表選手として出場しているのだから、いわば孤立無援。そんな逆境の中で、アメリカの考え方を尊重する一方、冷静さを保ち、ときにはユーモアを交えながら、アメリカとは一線を画した欧州としての立場について論陣を張っているところが凄い。

ビジネスでも、このくらいのレベルの議論が展開できたら、ビジネスパートナーとの信頼関係は深まるでしょう。

では、そのレベルに達するにはどうしたらいいか。ここで注目したいのは、レディングさんの語彙と表現力の豊かさ。Web2.0に関連するボキャブラリーは問題なく消化しているし、自分の意見を述べるときの表現力も豊かです。相当勉強していることは間違いありませんが、私が本書

のはじめに説明した「アクティブ・リスニング」で鍛えたのではないか、などと勝手に推測しています。

> 先生のおっしゃる「アクティブ・リスニング」という言葉は知りませんでしたが、自分でもこれまで同じことを無意識でやってきましたよ。
> 仕事上の会議では、まず内容をしっかり聞き取れなければ話になりません。また、発言するとき、特に意見を長々というときは次第に息切れしてきてしまったり、最後が尻切れトンボになってしまったり、という苦い経験があるので、相手の発言の中で「おお、これは使える！」と思ったものは、そっとメモしておくことにしました。そうするとアクティブな語彙も増えていきます。
> 読者の方々の中には、「私はそんな恵まれた機会はない」とおっしゃるかもしれませんが、今はウェブからいろいろなものがダウンロードできますから、言い訳はできませんよ（笑）。

■ ダボス会議についてひとこと

> それでは最後に、ダボス会議についてひとこと。本会議は、まさに政界・財界の「世界を動かすトップ」たちが一堂に会して議論を行うという、大変ユニークな企画です。英語学習者としては大いに関心を持ち、時事英語の学習素材として活用してほしいと思います。

> 国際ビジネスマンとして求められる質の高い英語力を養い、外国人とのコミュニケーション能力を高め、世界の動向を把握するツールとして十分活用してほしい。これまで、ダボス会議の出席者は欧米勢が優勢でしたが、今年は欧・米・アジア、それぞれ3分の1ずつ、会議のテーマ通り、power equationはシフトしています。中国やインドのパネリストが急増する中、わが国の存在感を示す次世代のリーダーたちが生まれて来ることを期待しています。

Special Thanks to...
- **Yoshinori Imai**　Executive Editor, Program Host, NHK
- **Fon Mathuros**　Deputy Head of Media, World Economic Forum
- **Yann Zopf**　Senior Media Manager, World Economic Forum
- **Kai Bucher**　Media Manager, World Economic Forum

鶴田知佳子（つるた　ちかこ）

東京外国語大学教授（国際コミュニケーション・通訳特化コース）。NHK衛星放送、CNNの同時通訳者、会議通訳者。日本通訳学会理事。AIIC（国際会議通訳者協会）会員。CFA（アメリカ公認証券アナリスト）。小学生後半のアメリカ滞在など海外在住経験12年。金融業界で10年の勤務経験の後に通訳者となり、目白大学助教授を経て現職。著書には『はじめてのシャドーイング』（共著、学習研究社）、『英語で伝えるオジサン的ビジネス表現』（共著、アルク）、『ここまで使える超基本単語50』『リーダーの英語』『ダボス会議で聞く　世界の英語』（以上共著、コスモピア）。

柴田 真一（しばた　しんいち）

投資銀行のExecutive Director。ドイツ勤務を経て、現在、ロンドン駐在。仕事上の訪問国は30カ国を超える。豊富な海外ビジネス経験をもとに、メルマガ「実践金融英語講座」の配信、講演などを通じて、国際派ビジネスパーソン育成にも注力。著書に『金融英語入門』『使える金融英語100のフレーズ』（ともに東洋経済新報社）、『英語で伝えるオジサン的ビジネス表現』（共著、アルク）、『リーダーの英語』『ダボス会議で聞く　世界の英語』（共著）『基礎からの英語eメール仕事術』（以上、コスモピア）。

ダボス会議に学ぶ
世界を動かすトップの英語

2007年6月5日　初版第1刷発行
2008年7月10日　第3刷発行
著者：鶴田知佳子、柴田真一

英文校正：イアン・マーティン

装丁：B.C.（見留　裕）
本文イラスト：松並良仁
表紙カバー・本文写真提供：World Economic Forum

DTP：榊　由己子

発行人：坂本由子
発行所：コスモピア株式会社
　　　〒151-0053　東京都渋谷区代々木4-36-4　MCビル2F
営業部：TEL:03-5302-8378　email: mas@cosmopier.com
編集部：TEL:03-5302-8379　email: editorial@cosmopier.com

http://www.cosmopier.com/

CD編集：安西一明
CD製作：東洋レコーディング株式会社
印刷：株式会社シナノ

©2007 Chikako Tsuruta, Shinichi Shibata

出版案内 CosmoPier

基礎からの英語eメール仕事術
ビジネスeメールのマナーから実践まで

海外駐在15年の著者が、仕事を成功に導くeメールの書き方を伝授。シンプルな英語で必要事項を簡潔に伝える「ビジネスライク」な英文に「パーソナル・タッチ」を添えて、相手との信頼関係を築くメール作成のコツを学びます。現役ビジネスマンだから書けたナマナマしいケース・スタディが本書の特長です。

著者：柴田 真一
A5判書籍240ページ
定価2,100円（本体2,000円+税）

ここまで使える超基本単語50
コアから広がる英単語ネットワーク

CNNなどで現役バリバリの同時通訳者として活躍する著者は、専門用語よりも簡単な単語ほど苦労すると漏らします。goodやbad、makeといった50の基本語がどんなに幅広く使われているか、同時通訳の現場から拾った豊富な実例を通して学びます。読み物としても楽しめ、英語の表現がグンと広がる1冊です。

著者：鶴田 知佳子／河原 清志
B6判書籍234ページ
定価1,470円（本体1,400円+税）

参加する！英語ミーティング
出席するだけから、積極的に発言するへ！

英語会議を録画した膨大な記録データから、日本人の弱点を分析。会議に必要な「英語力」と、あいづち、うなずき、アイコンタクトから始まる「英語力以外の要素」の2方向から、ビジネス・ミーテングのスキルを習得します。誌面にはイラストを多用し、会議に参加しているかのようなOJT感覚で学べます。

著者：田中 宏昌
　　　マイク・ハンドフォード
A5判書籍208ページ＋CD1枚（44分）
定価1,890円（本体1,800円+税）

決定版 英語エッセイ・ライティング
フローチャートでよくわかる！

英文レポートや小論文作成、TOEFL受験や留学で必要となるエッセイ・ライティングの「ルール」を、わかりやすくフローチャート化して提示。具体的な練習問題を解きながら、全ステップをマスターします。本書1冊で、自分の考えが伝わる英文、明確かつ説得力のある文章が、誰でも書けるようになります。

著者：門田 修平／氏木 道人／伊藤 佳世子
A5判書籍216ページ
定価2,100円（本体2,000円+税）

VOAスペシャル やさしいニュース英語トレーナー
「シャドーイング」と「サイトラ」を導入

VOAの中でも、使用単語を1,500に限定し、1分間100語のゆっくりしたスピードで放送される「スペシャル・イングリッシュ」のニュースが素材。シャドーイングで英語の音の壁を乗り越え、サイトラで英語の意味の壁をくずすトレーニングで、はじめての人でも、流れてくるニュースをすっと理解できるようになります。

著者：稲生 衣代／河原 清志
A5判書籍170ページ＋CD1枚（73分）
定価1,680円（本体1,600円+税）

VOAスタンダード ニュース英語トレーナー
分速160語のニュースを攻略する！

手加減なしの生のVOAニュース「スタンダード・イングリッシュ」の20本のニュースが素材。シャドーイングとサイトラを中心にしたトレーニングで「音の壁」「意味の壁」「速さの壁」「長さの壁」「未知の壁」の5つを次々にくずして行きます。特に未知の壁については、予測と推論のための大特訓を用意しています。

著者：稲生 衣代／河原 清志
A5判書籍200ページ＋CD1枚（60分）
定価1,890円（本体1,800円+税）

全国の書店で好評発売中！

発行　コスモピア　　www.cosmopier.com

出版案内　CosmoPier

決定版 英語シャドーイング〈入門編〉
聞く力がグングン伸びる！

シャドーイングは初めて、やってみたいが、そもそも英語が聞き取れないし口も回らないという方に、ゆっくりしたスピードの練習素材を提供します。スピードは遅くても、内容は充実。名作の朗読や、小学校の理科と算数の模擬授業、そしてイチオシはロバート・F・ケネディの、キング牧師暗殺を悼むスピーチです。

編著：玉井 健
A5判書籍194ページ＋CD1枚（71分）
定価1,680円（本体1,600円＋税）

英語シャドーイング〈映画スター編〉Vol.1
早口のスターのインタビューに挑戦！

キアヌ・リーブス／ケイト・ブランシェット／デンゼル・ワシントン／シャーリーズ・セロン／ケヴィン・スペイシー／ダニエル・ラドクリフ＆エマ・ワトソン／ジェニファー・アニストン他『フレンズ』出演者の、計7本のインタビューでシャドーイング。興味津々の発言内容を楽しみながら、高度なトレーニングができます。

著者：玉井 健
A5判書籍168ページ＋CD2枚（74分×2）
定価1,890円（本体1,800円＋税）

シャドーイングと音読 英語トレーニング
リスニング＆スピーキングに即効あり！

シャドーイングと音読の練習素材を提供し、効率よく英語力を伸ばすステップを示すトレーニング本。シャドーイングの前段階の学習法であるパラレル・リーディングを加えた3ステップで、初心者でも無理なく取り組めるようにしました。中でも、オバマ上院議員のスピーチは挑戦しがいのある題材です。

著者：門田 修平／高田 哲朗／溝畑 保之
A5判書籍224ページ＋CD1枚（65分）
定価1,890円（本体1,800円＋税）

決定版 英語シャドーイング
最強の学習法を科学する！

音声を聞きながら、即座にそのまま口に出し、影のようにそっとついていくシャドーイング。「最強のトレーニング」と評される理論的根拠を明快に示し、ニュースやフリートーク、企業研修のライブ中継、さらにはトム・クルーズ、アンジェリーナ・ジョリーへのインタビューも使って、実践トレーニングを積みます。

著者：門田 修平／玉井 健
A5判書籍248ページ＋CD1枚（73分）
定価1,890円（本体1,800円＋税）

英語シャドーイング〈映画スター編〉Vol.2
「高速モード」のリスニング力がつく

レニー・ゼルウィガー／マット・デイモン／ニコール・キッドマン／ジョージ・クルーニー／ジェニファー・ロペス／レオナルド・ディカプリオ等のインタビューを収録。手強いスターの英語も、シャドーイングをすれば、出身地で異なる発音、スターの心情を伝える細かなニュアンスまで、正確にキャッチできるようになります。

著者：玉井 健／西村 友美
A5判書籍168ページ＋CD2枚（72分、46分）
定価1,890円（本体1,800円＋税）

シャドーイングと音読の科学
英語力が伸びる根拠を徹底検証する！

英語学習に王道なし。でも「ほとんど王道といえる」方法はある。シャドーイングと音読がなぜ効果的なのかを、広範な指導実験のデータをもとに、最新の脳科学の成果も交えて明快に示します。専門的な内容をわかりやすくするためにイラストやグラフを多用し、Q&A形式であらゆる疑問に答えます。

著者：門田 修平
A5判書籍280ページ
定価2,415円（本体2,300円＋税）

全国の書店で好評発売中！

発行　コスモピア　　www.cosmopier.com

出版案内　　　　　　　　　　　　　　　　　　　　　　CosmoPier

英会話1000本ノック
まるでマンツーマンの英会話レッスン！

話せるようになるには「話す練習」が必要。ひとりでできる英会話レッスンを実現した、画期的な本が誕生しました。ソレイシィコーチがCDから次々に繰り出す1000本の質問に、CDのポーズの間にドンドン答えていくことで、英会話の瞬発力と、ことばをつないで会話をはずませる本物のスピーキング力を養成します。

著者：スティーブ・ソレイシィ
A5判書籍237ページ＋CD2枚（各74分）

定価1,890円（本体1,800円+税）

言いまくり！英語スピーキング入門
本書では沈黙は「禁」！

「あいさつ程度」から脱却するべく、描写力・説明力を徹底的に鍛える1冊。写真やイラストといった「視覚素材」を使って、考える→単語を探す→文を作る→口に出すという一連のプロセスのスピードアップを図り、見た瞬間から英語が口をついて出てくるようにするユニークなトレーニングブックです。

著者：高橋 基治／ロバート・オハラ
A5判書籍184ページ＋CD1枚（各54分）

定価1,680円（本体1,600円+税）

さっと使える英語表現1100
映画で使われた表現がギッシリ！

人気のメルマガ「映画で英会話TangoTango!!」が本になりました。著者が、自分で実際に見た映画から拾った表現を、映画のタイトルとミニ解説、どの俳優が何の役で、どんな場面で使ったか、簡潔にまとめて収録しています。映画のワンシーンを思い浮かべながら「使える言い回し」がたくさん学べます。

著者：佐藤 砂流
A5判書籍368ページ

定価1,890円（本体1,800円+税）

はじめての英語日記
1日3文の日記で決定的な差が出る！

英語で日記を書くことは、自分のことを英語で話す「リハーサル」。自分に最も必要な英語表現が身につきます。毎日3文ずつ続けることの積み重ね、これは英語で何と言うんだろうと考える習慣が、英語力アップに決定的な差を生むのです。1カ月分の日記スペース付きで、誰でもその日からスタートできます。

著者：吉田 研作／白井 恭弘
A5判書籍200ページ

定価1,365円（本体1,300円+税）

この日本語、英語ではこう言うの。
コミュニケーション・ギャップを埋める！

「お世話になっております」「お疲れさま」「がんばって」「お先に」、毎日のように口にするこれらの日本語、実はすんなり英語にはなりません。どうして直訳できないのか、どう言えば相手にニュアンスが伝わるのかを、日本と英語圏の文化的背景や発想の違いまで掘り下げて、わかりやすく示します。

著者：クリストファー・ベルトン
翻訳：渡辺 順子
B6判書籍242ページ

定価1,470円（本体1,400円+税）

この英語、日本語ではこういう意味。
ニュアンスのつかめない英語の裏側

英語圏で昔から使われ続けているイディオムや比喩表現には、日本人が勘違いしやすいもの、そもそもの由来を知らないと理解できないものが数多くあります。「動物の比喩」「色の比喩」「身ぶり」などの項目別に分け、欧米圏の習慣から説明することで、ネイティブの感覚を「感じ取れる」ようにしました。

著者：クリストファー・ベルトン
翻訳：渡辺 順子
B6判書籍194ページ

定価1,365円（本体1,300円+税）

全国の書店で好評発売中！

発行 コスモピア　　　　　　　　　　　　　　　www.cosmopier.com

出版案内

100万語多読入門
辞書を捨てれば英語が読める！

リーディングのみならず、リスニング・語彙・文法の総合力が、読書を楽しんでいるうちに身につく多読とは？ 本書を読めば、多読の大きな効果とその理由、100万語達成までの道のりのすべてがわかります。レベル別に選定した洋書6冊と朗読CD、簡易版読書記録手帳もついて、すぐに多読をスタートできます。

著者：古川 昭夫／伊藤 晶子
監修：酒井 邦秀
A5判書籍242ページ＋CD1枚（73分）

定価1,890円（本体1,800円＋税）

ミステリではじめる英語100万語
結末が早く知りたいから、多読に最適！

犯人は？ 手口は？ 犯行動機は？…。読み始めたら、どうしても結末が早く知りたくなるミステリは、100万語多読には最適の素材です。日本ではあまり知られていない、英米の子どもたちに大人気のシリーズから、ジョン・グリシャムやダン・ブラウン等の本格派ペーパーバックまで、多読におすすめのミステリをレベル別に紹介します。

著者：酒井 邦秀／佐藤 まりあ
A5判書籍218ページ

定価1,680円（本体1,600円＋税）

読書記録手帳
100万語達成のための必須アイテム！

100万語のゴールめざして多読を続けるうえで、この読書記録手帳は心強い伴走役を務めます。読んだ本のタイトルやレベル、総語数、累計語数などを記録していくことで、続ける励みになります。手帳スペースのほかに、推薦洋書の紹介やタイトル別総語数、お薦め度などを93ページにわたってレベル別に掲載。

著者：SSS英語学習法研究会
作成：古川 昭夫
ペーパーバックサイズ書籍164ページ

定価630円（本体600円＋税）

英語多読完全ブックガイド
〈改訂第2版〉
洋書12,000冊のデータを網羅！

多読に最適な、英語レベル別に語彙や文法を制限して執筆されたリーダーズのほか、児童書、絵本、ペーパーバックなど、合計12,000冊を紹介。読みやすさレベル、総語数、おすすめ度、コメント、ISBNのデータを収録します。次に何を読もうと思ったときにすぐに役立つ、多読必携の完全ガイドです。

編著：古川 昭夫／神田 みなみ ほか
A5判書籍476ページ

定価2,730円（本体2,600円＋税）

「ハリー・ポッター」Vol.7が英語で楽しく読める本
シリーズ最終巻を原書で読もう！

原書と平行して活用できるガイドブック。章ごとに「章題」「章の展開」「登場人物」「語彙リスト」「キーワード」で構成し、特に語彙リストには場面ごとに原書のページと行を表示しているので、辞書なしでラクラク読み通すことができます。呪文や固有名詞の語源や、文化的背景まで詳しく解説。

著者：クリストファー・ベルトン
A5判書籍306ページ

定価1,764円（本体1,680円＋税）

●Vol.1～6も好評発売中！

チャンク英文法
なるほどと「わかる」英文法！

文法の中で「やっかいだ」と思っていることの数々を、本書はイラスト付きでピタリと説明してくれます。ひとつずつ覚えるのではなく、文法の本質の部分が感覚的にわかるようになるのです。そして意味のかたまりである「チャンク」の仕組みをつかめば、「読む・聞く・話す」の英語の運用能力は飛躍的に向上します。

著者：田中 茂範／佐藤 芳明／河原 清志
A5判書籍256ページ＋CD1枚（38分）

定価1,680円（本体1,600円＋税）

全国の書店で好評発売中！

発行 コスモピア　www.cosmopier.com

出版案内 / CosmoPier

新・最強のTOEIC®テスト入門
「見れば」すぐにポイントがわかる!

新形式のTOEICテストに完全対応し、「動作だけを聞いても正解を選べる」「最初の数行に1問目の答えがある」というように、61の出題パターンをズバズバ提示。具体的な例題に沿いながら、解答のフローをページ見開きでわかりやすく示します。初受験で500点獲得、2回目以降の人は150点アップが目標です。

著者：塚田 幸光／
　　　横山 仁視 ほか
A5判書籍260ページ+
CD1枚（59分）

定価1,890円
（本体1,800円＋税）

TOEIC®テスト対策実況中継
CDを聞くだけでもスコアアップ!

スコアアップ100点超者続出の授業の中身を、ライブレッスンとしてCDに収録した、これまでにない攻略本。両著者の軽妙な掛け合いによる対策講義の中に、よく出る単語やよく出るフレーズ解説も盛り込み、紛らわしい発音もその場で耳でチェックできます。CDには米英豪加の発音を収録。完全模擬試験1回分付き。

著者：高橋 基治／
　　　ロバート・オハラ
B5判書籍200ページ+
CD2枚（70分、64分）

定価1,995円
（本体1,900円＋税）

新TOEIC®テスト パーフェクト模試200
セクション別に予想スコアが算出できる!

手軽に1回分の模試が受けられます。200問すべてについて、モニターテスト参加者の正答率、各選択肢の誤答率を公開しており、自分のレベルを客観的に把握することができます。CDには米英豪加のナレーターを均等に起用し、巻末には同一ナレーションを各国の発音で順番に収録した、聞き比べエクササイズも準備。

著者：田中 宏昌／
　　　Amy D.Yamashiro ほか
A5判書籍204ページ+
CD1枚（71分）

定価1,029円
（本体980円＋税）

TOEIC®テスト リーディング速効ドリル
新形式のPART7はこう攻めろ!

読む量がグンと増えた新形式の長文読解で、最後の設問までたどり着くにはスピード対策が不可欠。本書のねらいは、「トピック・センテンス」をすばやく見つけて大意を把握、5W1Hに照らして要点を「スキミング」、設問で問われている情報を「スキャニング」するの3つ。114ページを割いたダブル・パッセージ対策も完璧。

著者：細井 京子／
　　　山本 千鶴子
A5判書籍264ページ

定価1,764円
（本体1,680円＋税）

新TOEIC®テスト 出まくり英文法
英文法も例文ごと耳から覚える!

TOEICテストを実際に受験し、最新の出題傾向を分析し続けている「英語工房（早川幸治、高橋基治、武藤克彦）」の第2弾! PART5とPART6に頻出する文法項目64について、TOEICテスト必須語彙や頻出フレーズを盛り込んだ例文を作成し、CDを聞きながら例文ごと脳に定着させます。

著者：英語工房
B6判書籍200ページ+
CD1枚（58分）

定価1,575円
（本体1,500円＋税）

TOEIC®テスト 出まくりキーフレーズ
直前にフレーズ単位で急速チャージ!

TOEICテストの最頻出フレーズ500を、わずか1時間で耳と目から急速チャージします。フレーズを盛り込んだ例文は、試験対策のプロ集団がじっくり練り上げたもので、例文中のキーフレーズ以外の単語もTOEICテストやビジネスの必須単語ばかり。ひとつの例文が何倍にも威力を発揮する、まさに短期決戦の特効薬です。

著者：英語工房
B6判書籍188ページ+
CD1枚（57分）

定価1,575円
（本体1,500円＋税）

全国の書店で好評発売中!

発行 コスモピア　　www.cosmopier.com

通信講座　　　　　　　　　　　　　　　　　　　　　　　　CosmoPier

最短ルートでスコアアップするには、万全のカリキュラムが用意された通信講座が確実！

TOEICテスト対策には、綿密に組まれたプログラムで着実な積み上げ学習ができ、月に一度のテストで学習成果を把握できる、コスモピアの通信講座がおすすめです。

監修　田中宏昌　明星大学教授
NHK「ビジネス英会話」「英語ビジネスワールド」の講師を4年にわたって担当。ビジネスの現場に精通している。

新TOEIC®テスト スーパー入門コース

まずはリスニングからスタート。「聞くこと」を通して、英語の基礎固めとTOEICテスト対策の2つを両立させます。

- **学習時間**　1日20分×週4日
- **スタートレベル**　スコア300点前後または初受験
- **目標スコア**　400点台
- **受講期間**　3カ月
- **受講料**　14,700円（税込）

新TOEIC®テスト GET500コース

英語を、聞いた順・読んだ順に英語のまま理解する訓練を積み、日本語の介在を徐々に減らすことでスコアアップを実現します。

- **学習時間**　1日20分×週4日
- **スタートレベル**　スコア400点前後
- **目標スコア**　500点台
- **受講期間**　3カ月
- **受講料**　20,790円（税込）

新TOEIC®テスト GET600コース

600点を超えるには時間との闘いがカギ。ビジネスの現場でも必須となるスピード対策を強化し、さらに頻出語彙を攻略します。

- **学習時間**　1日30分×週4日
- **スタートレベル**　スコア500点前後
- **目標スコア**　600点台
- **受講期間**　4カ月
- **受講料**　29,400円（税込）

まずはパンフレット（無料）をご請求ください！

＊本書はさみ込みのハガキが便利です。

教材の一部の音声をネットで試聴もできます。ぜひ一度アクセスしてみてください。

www.cosmopier.com

● 大手企業でも、続々と採用中！
【採用企業例】
NEC／NTTグループ／富士通エフ・アイ・ピー／松下電工／本田技研工業／INAX／アサヒ飲料／シチズン電子／京セラ／エイチ・アイ・エス　他

● 全国の大学生協でも好評受付中です。

〒151-0053　東京都渋谷区代々木4-36-4　TEL 03-5302-8378　FAX 03-5302-8399

主催　コスモピア

TOEIC is a registered trademark of Educational Testing Service(ETS). This product is not endorsed or approved by ETS.

出版案内　　　　　　　　　　　　　　　　　　　　　　CosmoPier

ダボス会議で聞く
世界の英語
世界20カ国の英語をリスニング！

アジア、アフリカ、中東、ヨーロッパなど、ノンネイティブを中心に、20カ国の政財界のリーダーの英語スピーチを集めました。地球温暖化対策、テロ、エネルギー資源問題など、世界共通のテーマに関する多種多様な英語のリスニングに挑戦し、自分らしい英語を堂々と話す姿勢を学びましょう。

【本書の収録内容】
・[日本] 緒方貞子 (JICA理事長)
・[中国] 王建宙 (チャイナモバイル会長兼CEO)
・[インド] ナンダン・ニレカニ (インフォシスCEO)
・[マレーシア] マハティール前首相
・[ガーナ] アナン前国連事務総長　他

著者：鶴田 知佳子／柴田 真一
A5判書籍224ページ＋CD1枚 (64分)

定価2,205円（本体2,100円＋税）

リーダーの英語
英米のスピーチの達人に学べ！

スピーチやプレゼンのみならず、会議や交渉の場においても、自分の考えを明確に相手に伝えるスキルは必須。どうすれば人を説得し、動かすことができるのか。英米トップのスピーチは、パブリック・スピーキングの最高の生きた教材、ビジネスに役立つノウハウが凝縮されています。

【本書の収録内容】
　　　　英　vs　米
・サッチャー首相 vs ケネディ大統領
・ブレア首相 vs ブッシュ大統領
・サッチャー首相 vs レーガン大統領
・クック院内総務 vs ヒラリー・クリントン議員
・ゴードン・ブラウン vs グリーンスパン　他

著者：鶴田 知佳子／柴田 真一
A5判書籍204ページ＋CD1枚 (70分)

定価2,100円（本体2,000円＋税）

コスモピア・サポート

いますぐご登録ください！ 無料

「コスモピア・サポート」は大切なCDを補償します

使っている途中でキズがついたり、何らかの原因で再生できなくなったCDを、コスモピアは無料で補償いたします。
一度ご登録いただければ、今後ご購入いただく弊社出版物のCDにも適用されます。

登録申込方法
本書はさみ込みハガキに必要事項ご記入のうえ郵送してください。

補償内容
「コスモピア・サポート」に登録後、使用中のCDにキズ・割れなどによる再生不良が発生した場合、理由の如何にかかわらず新しいCDと交換いたします（書籍本体は対象外です）。

交換方法
1. 交換を希望されるCDを下記までお送りください（弊社までの送料はご負担ください）。
2. 折り返し弊社より新しいCDをお送りいたします。
　CD送付先
　〒151-0053　東京都渋谷区代々木4-36-4
　コスモピア株式会社「コスモピア・サポート」係

★下記の場合は補償の対象外とさせていただきますのでご了承ください。
●紛失等の理由でCDのご送付がない場合
●送付先が海外の場合
●改訂版が刊行されて6カ月が経過している場合
●対象商品が絶版等になって6カ月が経過している場合
●「コスモピア・サポート」に登録がない場合

＊製品の品質管理には万全を期していますが、万一ご購入時点で不都合がある「初期不良」は別途対応させていただきます。下記までご連絡ください。

連絡先：TEL 03-5302-8378
　　　　FAX 03-5302-8399
　　　「コスモピア・サポート」係

発行　コスモピア　　　　　　　　　　　　　　　　　www.cosmopier.com